いろいろな挨拶

1 自己紹介

안녕하세요? (こんにちは)
처음 뵙겠습니다. (はじめまして)
저는 마유라고 합니다. (私はマユと申します)
잘 부탁합니다. (よろしくお願いします)

2 人に会った時

A：안녕하세요? (こんにちは)
B：안녕하세요? (こんにちは)

3 授業終わりの挨拶

先生：수고하셨습니다. (お疲れさまでした)
学生達：감사합니다. (ありがとうございます)

4 別れる時

A：안녕히 가세요. (さようなら)：その場を離れる人に
B：안녕히 계세요. (さようなら)：その場に残る人に

5 感謝の気持ち

A：감사합니다. (ありがとうございます)
B：아니에요. (どういたしまして)

6 謝る時

A : 죄송합니다. (申し訳ありません)
B : 괜찮아요. (大丈夫です)

7 久しぶりに会った時

A : 오랜만이에요. (久しぶりです)
B : 네, 정말 오랜만이에요. (はい、本当に久しぶりです)

8 食事の時

잘 먹겠습니다. (いただきます)
잘 먹었습니다. (ごちそうさまでした)

9 お祝いの言葉

A : 생일 축하합니다. (誕生日、おめでとうございます)
B : 고맙습니다. (ありがとうございます)

10 新年の挨拶

A : 새해 복 많이 받으세요. (明けましておめでとうございます)
B : 새해 복 많이 받으세요. (明けましておめでとうございます)

基礎から
ゆっくり韓国語

シン・ムノク　著

기초부터
천천히 한국어

目次

基礎1課	基本母音 10 個	6
基礎2課	基本子音 10 個	12
基礎3課	残りの子音	18
基礎4課	複合母音 11 個	24
基礎5課	バッチム 1	30
基礎6課	バッチム 2	34
基礎7課	日本語のハングル表記	38
基礎8課	発音の変化 1	42
基礎9課	発音の変化 2	48
基礎10課	発音の変化 3	52

| 第1課 | 저는 학생입니다 | 60 |

Point 1 - は • Point 2 - ですか • Point 3 - です

| 第2課 | 대학생이 아닙니다 | 66 |

Point 1 - が • Point 2 - ではありません

| 第3課 | 친구하고 약속이 있습니다 | 72 |

Point 1 -と • Point 2 畏まった丁寧語『합니다体』1

| 第4課 | 집에서 한국어 공부를 합니다 | 80 |

Point 1 畏まった丁寧語『합니다体』2 • Point 2 (場所) で •
Point 3 -を • Point 4 -も

| 第5課 | 영화를 보러 가요 | 88 |

Point 1 親しみの丁寧語『해요体』1 • Point 2 -しに行く

| 第6課 | 잘 지내요 | 96 |

Point 1 親しみの丁寧語『해요体』2

| 第7課 | 로맨틱 코미디예요 | 102 |

Point 1 尊敬形 • Point 2 親しみの丁寧語『해요体』3

| 第8課 | 4,500원입니다 | 112 |

Point 1 漢数詞 • Point 2 (手段) で • Point 3 -てください

| 第9課 | 두 번 해요 | 120 |

Point 1 固有数詞 • Point 2 否定形

| 第10課 | 닭한마리 집이 생겼어요 | 128 |

Point 1 過去形

はじめに

　今、日韓両国の若年層の間では、会話の中でさり気なく互いの言語をミックスして使ったりするのが流行しているようです。日本では「‐ニダ」、「ウェ」、「チンチャ」、「‐インデ」等が、韓国では「～ちゃん」、「かわいい」、「ツンデレ」、「おいしい」等がその一例です。このような現象を嘆く方々も一部いらっしゃるようですが、私はとても微笑ましく思います。何の偏見や違和感なく、そのままの相手を受け入れ、興味を持って知ろうとする姿勢に、日韓関係の明るい未来を感じさえします。

　素晴らしい韓国語教材は沢山ありますが、大学の授業で使うには量が多かったり少なかったり、ルビが付いていたりで、なかなか適切なものが見当たらずにいました。前期＝90 分× 15 回、後期＝ 90 分× 15 回の通年授業で、無理なく終えることのできる教材が以前から欲しかったので、この度「HAKUEISHA」のお力添えを頂き、出版するに至りました。

◆ この本を書く上で注力したこと ◆

① ゆっくり進みながらも各項目の練習量は多めにし、定着を図る

② 所々で到達度が確認できる、無理のない学習分量

③ 基礎文法だけに絞る

④ 単語の反復使用と練習で、無理なく、自然に覚えられるようにする

⑤ 次の課で学ぶ文法やポイントに前もってちょこっと触れることで、親しみやすくする

⑥ ペアとの会話練習でアウトプットができる

教室中に韓国語が響き渡る授業に、本書がお役に立てれば幸いです。

2025 年 3 月

◆ 基礎編の発音や会話文の音声などは『基礎からゆっくり韓国語』のYouTube チャンネルをご活用下さい。

基本母音 10 個

基礎 1課

1. ハングルについて
2. 韓国語の特徴
3. 基本母音 10 個

1 ハングルについて

● ハングルとは？

➡ 韓国語を表記する唯一の文字

● 15 世紀半ば頃まで朝鮮半島では、表記する文字がなく、中国の漢字を当て字にして記していた。固有文字の必要性を感じた、朝鮮王朝第 4 代目の王様である「世宗大王(セジョンデワン)」が、学者たちと一緒に長年の研究の末、1443 年完成したのがハングルである。

6　　基礎からゆっくり韓国語

● ハングルの仕組み：子音と母音を組み合わせて初めて一つの文字になる。

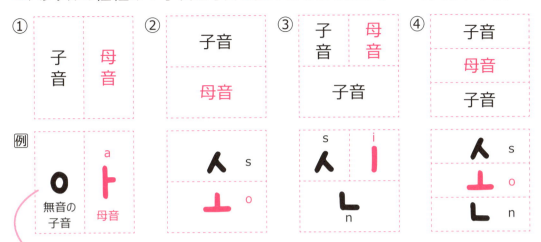

母音のみの場合でも、無音の、形だけの子音「ㅇ」を、「아」のように**縦棒**が軸の母音の時は**左**に、「오」のように**横棒**が軸の母音の時は**上**に書いてから母音を書く。

2 韓国語の特徴

①語順が日本語とほぼ同じである。

저는　매일　한국어를　공부해요.
私は　毎日　韓国語を　　勉強します。

②日本語と同じように丁寧語と尊敬語があり、目上/目下、親しい/距離がある関係で表現を使い分ける。

③固有語と漢字語がある。

　固有語　하나(ひとつ)　　　漢字語　일(一)

④単語には漢字から来た言葉も多いが、表記の際は漢字をほとんど使わず、ハングルで表記する。

⑤漢字から来ている単語は、発音が日本語と非常に似ている。

　　ムリ　　　　　カグ　　　　　シミン　　　　ジュンビ
　무리(無理)　가구(家具)　시민(市民)　준비(準備)

基礎1課　基本母音10個

③ 基本母音 10 個

①	②	③	④	⑤	⑥	⑦	⑧	⑨	⑩
a	ya	eo	yeo	o	yo	u	yu	eu	i

☆母音を文字として表記する時は、左か上にまず、形を整えるための無音の子音「ㅇ」を書く。

① 아 a	アと同じ。	② 야 ya	ヤと同じ。
③ ★ 어 eo	日本語にはない音。顎に下げ、オと発音。	④ ★ 여 yeo	日本語にはない音。顎を下げ、ヨと発音。
⑤ 오 o	オと同じ。口をすぼめる。	⑥ 요 yo	ヨと同じ。口をすぼめる。
⑦ 우 u	ウと同じ。口を突き出す。	⑧ 유 yu	ユと同じ。口を突き出す。
⑨ ★ 으 eu	日本語にはない音。口を横一直線にし、ウと発音。	⑩ 이 i	イと同じ。

基礎からゆっくり韓国語

練習1 基本母音 10 個を発音しながら書きましょう。

①	②	③	④	⑤	⑥	⑦	⑧	⑨	⑩
아	야	어	여	오	요	우	유	으	이

練習2 発音してみましょう。

① 아 어 아 어　　② 야 여 야 여

③ 오 유 오 유　　④ 우 요 우 요

⑤ 어 여 오 요　　⑥ 으 우 어 이

⑦ 어 오 아 여　　⑧ 요 유 여 야

基礎 1 課　基本母音 10 個

練習3 基本母音だけの単語を発音しながら書きましょう。

①	오(五)					
②	이(歯)					
③	오이(きゅうり)					
④	아이(子供)					
⑤	이유(理由)					
⑥	우유(牛乳)					
⑦	여유(余裕)					
⑧	여우(狐)					
⑨	야유(揶揄)					
⑩	아야(痛！)					

（ 집 중 ）

基礎 2課 基本子音10個

①	②	③	④	⑤	⑥	⑦	⑧	⑨	⑩
ㄱ	ㄴ	ㄷ	ㄹ	ㅁ	ㅂ	ㅅ	ㅇ	ㅈ	ㅎ
k/g	n	t/d	l	m	p/b	s	無/ng	ch/j	h

①	ㄱ k/g	語頭：**k**と**g の間の音** 母音の後ろなど語中：**g** の音	例：가구, 고기
②	ㄴ n	**n の音**	例：아뇨, 누나
③	ㄷ t/d	語頭：**t**と**d の間の音** 母音の後ろなど語中：**d** の音	例：두유, 구두
④	ㄹ l	**l の音**	例：우리, 나라

12 基礎からゆっくり韓国語

⑤	ㅁ m	**m** の音	例：나무, 머리
⑥	ㅂ p/b	語頭：**p と b の間**の音 母音の後ろなど語中：**b** の音	例：부부, 나비
⑦	ㅅ s	**s** の音	例：가수, 버스
⑧	ㅇ 無/ng	母音の前：**無音** 母音の後：**ng** の音、「あ**ん**こ」の「**ん**」 の音のように、鼻辺りが振動する鼻音	例：공, 방
⑨	ㅈ ch/j	語頭：**ch と j の間**の音 母音の後ろなど語中：**j** の音	例：자주, 유자
⑩	ㅎ h	**h** の音。語頭：はっきり h の音を発音 母音と鼻音(ㄴ, ㅁ, ㅇ)、流音(ㄹ)の後： h の音が**弱まる**	例：하나, 기호

練習 1 子音 10 個に母音 ㅏ を組み合わせた文字を発音し、書きましょう。

①	②	③	④	⑤	⑥	⑦	⑧	⑨	⑩
가	나	다	라	마	바	사	아	자	하

基礎 2 課　基本子音 10 個

練習2 子音 10 + 母音 10 を組み合わせ、発音しながら書きましょう。

母音／子音	① ㅏ	② ㅑ	③ ㅓ	④ ㅕ	⑤ ㅗ	⑥ ㅛ	⑦ ㅜ	⑧ ㅠ	⑨ ㅡ	⑩ ㅣ
① ㄱ	가				고					
② ㄴ										
③ ㄷ										
④ ㄹ										
⑤ ㅁ										
⑥ ㅂ										
⑦ ㅅ										
⑧ ㅇ										
⑨ ㅈ		＝		＝		＝		＝		
⑩ ㅎ										

＝：同じ発音で ok

練習3 単語を発音しながら書きましょう。書き終わったら、音読練習をしましょう。

① 가구 (家具)					
② 고기 (肉)					
③ 그거 (それ)					
④ 누구 (誰)					
⑤ 뉴스 (ニュース)					
⑥ 더 (もっと)					
⑦ 구두 (くつ)					
⑧ 어디 (どこ)					
⑨ 다리 (脚 / 橋)					
⑩ 드라마 (ドラマ)					
⑪ 두부 (豆腐)					
⑫ 나라 (国)					
⑬ 도로 (道路)					

基礎 2 課 基本子音 10 個

⑭ 서류(書類)					
⑮ 라디오(ラジオ)					
⑯ 나무(木)					
⑰ 머리(頭)					
⑱ 무료(無料)					
⑲ 어머니(母)					
⑳ 비(雨)					
㉑ 바다(海)					
㉒ 보리(麦)					
㉓ 바지(ズボン)					
㉔ 소(牛)					
㉕ 수도(首都)					
㉖ 가수(歌手)					
㉗ 저(私)					

㉘ 여자(女子)					
㉙ 지구(地球)					
㉚ 자리(席)					
㉛ 주사(注射)					
㉜ 지도(地図)					
㉝ 아버지(父)					
㉞ 하나(一つ)					
㉟ 허리(腰)					
㊱ 휴지(ごみ)					
㊲ 휴가(休暇)					
㊳ 오후(午後)					
㊴ 기호(記号)					
㊵ 지하(地下)					

基礎 2 課 基本子音 10 個

残りの子音

基礎　3課

1. 激音4個
2. 濃音5個

❶ 激音4個

息を吐く

①	②	③	④
ㅋ	ㅌ	ㅍ	ㅊ
k	t	p	ch

①	**ㅋ** k	ㄱより息を強めに吐く。語頭、語中に関係なく、どの位置にあっても激音のまま。**カ**レー：**카**	例：코, 쿠키
②	**ㅌ** t	ㄷより息を強めに吐く。語頭、語中に関係なく、どの位置にあっても激音のまま。**タ**イ：**타**	例：타조, 하트
③	**ㅍ** p	ㅂより息を強めに吐く。語頭、語中に関係なく、どの位置にあっても激音のまま。**パ**イ：**파**	例：커피, 표
④	**ㅊ** ch	ㅈより息を強めに吐く。語頭、語中に関係なく、どの位置にあっても激音のまま。お**ちゃ**：**차**	例：차, 고추

18　　　　　　　　　　　　　　　　　　　基礎からゆっくり韓国語

② 濃音 5 個

→ 息を吐かない 👤✕   ☆前に小さい「っ」を付けて発音すれば意外とできる！

⑤	⑥	⑦	⑧	⑨
ㄲ	ㄸ	ㅃ	ㅆ	ㅉ
kk	tt	pp	ss	jj

濃音 5 つのローマ字はこう表記するが、
発音する上ではあまり参考にならない

⑤	ㄲ kk	ㅋと違って息を吐かない。語頭、語中に関係なく、どの位置にあっても濃音のまま。**まっか**＝까	例：아까, 토끼
⑥	ㄸ tt	ㅌと違って息を吐かない。語頭、語中に関係なく、どの位置にあっても濃音のまま。や**った**＝따	例：이따가, 또
⑦	ㅃ pp	ㅍと違って息を吐かない。語頭、語中に関係なく、どの位置にあっても濃音のまま。葉**っぱ**＝빠	例：아빠, 뼈
⑧	ㅆ ss	息を吐かない。語頭、語中に関係なく、どの位置にあっても濃音のまま。あ**っさ**り＝싸	例：비싸다, 씨
⑨	ㅉ jj	ㅊと違って息を吐かない。語頭、語中に関係なく、どの位置にあっても濃音のまま。め**っちゃ**＝짜	例：가짜, 찌다

練習 1 平音、激音、濃音を発音しながら書きましょう。

①

平音	激音	濃音
가	카	까

②

平音	激音	濃音
다	타	따

③

平音	激音	濃音
바	파	빠

基礎 3 課 残りの子音

④	平音	激音	濃音
	사	×	싸

⑤	平音	激音	濃音
	자	차	짜

練習2 激音4と濃音5＋母音10の組み合わせを発音しながら書きましょう。

母音 子音	① ㅏ	② ㅑ	③ ㅓ	④ ㅕ	⑤ ㅗ	⑥ ㅛ	⑦ ㅜ	⑧ ㅠ	⑨ ㅡ	⑩ ㅣ
① ㅋ	카				코					
② ㅌ										
③ ㅍ										
④ ㅊ		=		=		=		=		
⑤ ㄲ										
⑥ ㄸ										
⑦ ㅃ										
⑧ ㅆ										
⑨ ㅉ		=		=		=		=		

＝：同じ発音で ok

練習 3 単語を発音しながら書きましょう。書き終わったら、音読練習をしましょう。

① 키 (背)					
② 코 (鼻)					
③ 쿠키 (クッキー)					
④ 카드 (カード)					
⑤ 큐브 (キューブ)					
⑥ 투 (two)					
⑦ 타조 (駝鳥)					
⑧ 카트 (カート)					
⑨ 투자 (投資)					
⑩ 타투 (タトゥー)					
⑪ 하트 (ハート)					
⑫ 투수 (投手)					
⑬ 파 (ネギ)					
⑭ 표 (切符)					

基礎 3 課 残りの子音

⑮ 피 (血)					
⑯ 커피 (コーヒー)					
⑰ 코피 (鼻血)					
⑱ 파리 (ハエ)					
⑲ 포도 (ぶどう)					
⑳ 차 (車 / 茶)					
㉑ 기차 (汽車)					
㉒ 기초 (基礎)					
㉓ 치즈 (チーズ)					
㉔ 고추 (唐辛子)					
㉕ 유자차 (ゆず茶)					
㉖ 아까 (さっき)					
㉗ 조끼 (ベスト)					
㉘ 꼬리 (尻尾)					
㉙ 토끼 (うさぎ)					

③⓪ 또 (また)					
③① 소띠 (丑年)					
③② 따로 (別々に)					
③③ 이따가 (後で)					
③④ 아빠 (パパ)					
③⑤ 오빠 (兄)					
③⑥ 뼈 (骨)					
③⑦ 뿌리 (根っこ)					
③⑧ 씨 (氏 / さん)					
③⑨ 비싸요 (高いです)					
④⓪ 써요 (書きます)					
④① 가짜 (偽物)					
④② 찌다 (蒸す)					

基礎3課 残りの子音

基礎 4課 複合母音 11個

→ 基本母音を2つ以上組み合わせたもの

← 基本母音10個を熟知していれば、覚えるのは後少しだけ！

①	②	③	④	⑤	⑥	⑦	⑧	⑨	⑩	⑪
ㅐ	ㅔ	ㅒ	ㅖ	ㅘ	ㅙ	ㅚ	ㅞ	ㅝ	ㅟ	ㅢ
ae	e	yae	ye	wa	wae	oe	we	wo	wi	ui

① = ② 同じ「エ」
③ = ④ 同じ「イェ」
⑥ = ⑦ = ⑧ 同じ「ウェ」
⇨ ローマ字表記は異なるが、気にしなくてもOK

予備知識 陽、陰、中性母音が分かれば複合母音がぐんと覚えやすくなる！

☆ハングルの母音字は「天・地・人」を模って創られた。

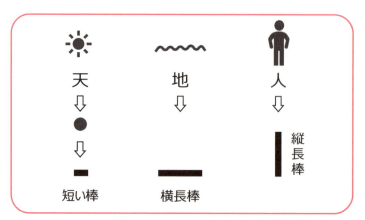

基礎からゆっくり韓国語

陽母音

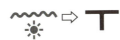

陰母音

中性母音　中性的な性質を持つ中性母音は、陽母音にも陰母音にも付くことができる

☆複合母音の組み合わせ方：

陽母音 + 陽母音 or 中性母音
陰母音 + 陰母音 or 中性母音

決して一つの文字に陽母音と陰母音が**混ざることはない！**

① 애 ★ ae	陽 ㅏ + 中 ㅣ　エ	② 에 ★ e　陰 ㅓ + 中 ㅣ　エ
③ 얘 ★ yae	陽 ㅑ + 中 ㅣ　イェ	④ 예 ★ ye　陰 ㅕ + 中 ㅣ　イェ
⑤ 와 wa	陽 ㅗ + 陽 ㅏ　ウァ	⑥ 왜 wae　陽 ㅗ + 陽中 ㅐ　ウェ
⑦ 외 ★ oe	陽 ㅗ + 中 ㅣ　ウェ	⑧ 웨 we　陰 ㅜ + 陰中 ㅔ　ウェ
⑨ 워 wo	陰 ㅜ + 陰 ㅓ　ウォ	⑩ 위 wi　陰 ㅜ + 中 ㅣ　ウィ
⑪ 의 ui	陰 ㅡ + 中 ㅣ　日本語にはない音。口を横一直線にして発音	☆⑪の의の発音には3つのパターンがある！ 1. 語頭 本来のui：의사, 의자 2. 語中 イの発音：거의, 회의 3. -の エの発音：저의, 아버지의

基礎4課 複合母音11個

25

☆基本母音を熟知していれば、複合母音はこれだけ覚えればOK!

① ②
ㅐ = ㅔ 「エ」：縦棒2本 ‖ ＋短い棒1本 ー

③ ④
ㅒ = ㅖ 「イェ」：縦棒2本 ‖ ＋短い棒2本 ＝

⑦
ㅚ 「ウェ」：文字通りの発音「オイ」ではなく、ウェ！

練習1 複合母音11個を発音しながら書きましょう。

ㅗ をベースにした複合母音　　ㅜ をベースにした複合母音

①	②	③	④	⑤	⑥	⑦	⑧	⑨	⑩	⑪
애=에		얘=예		와	왜=외=웨			워	위	의

練習2 発音してみましょう。

① 애 에 얘 예　　　② 와 왜 외 웨

③ 왜 웨 외 의　　　④ 워 의 와 왜

⑤ 애 얘 에 예　　　⑥ 웨 워 위 외

⑦ 에 애 와 얘　　　⑧ 외 예 워 위

基礎からゆっくり韓国語

練習 3 単語を発音しながら書きましょう。書き終わったら、音読練習をしましょう。

① 개 (犬)					
② 게 (かに)					
③ 가게 (店)					
④ 시계 (時計)					
⑤ 과자 (お菓子)					
⑥ 교과서 (教科書)					
⑦ 귀 (耳)					
⑧ 어깨 (肩)					
⑨ 퀴즈 (クイズ)					
⑩ 네 (はい)					
⑪ 시내 (市内)					
⑫ 뇌 (脳)					
⑬ 기대 (期待)					
⑭ 뒤 (後ろ)					
⑮ 되다 (なる)					
⑯ 돼지 (豚)					

基礎 4 課 複合母音 11 個

⑰	테니스 (テニス)				
⑱	노래 (歌)				
⑲	모레 (明後日)				
⑳	차례 (順番)				
㉑	매미 (蝉)				
㉒	메뉴 (メニュー)				
㉓	뭐? (何?)				
㉔	배 (梨/船/腹)				
㉕	베개 (枕)				
㉖	폐 (肺)				
㉗	후배 (後輩)				
㉘	새우 (えび)				
㉙	세계 (世界)				
㉚	주세요 (下さい)				
㉛	쉬다 (休む)				
㉜	왜요? (何故ですか)				
㉝	예외 (例外)				
㉞	가위 (ハサミ)				

㉟	매워요 (辛いです)				
㊱	웨하스 (ウエハース)				
㊲	의자 (椅子)				
㊳	회의 (会議)				
㊴	쟤 (あの子)				
㊵	어제 (昨日)				
㊶	쥐 (ねずみ)				
㊷	야채 (野菜)				
㊸	취미 (趣味)				
㊹	최고 (最高)				
㊺	해외 (海外)				
㊻	회 (さしみ)				
㊼	회사 (会社)				
㊽	후회 (後悔)				
㊾	저희 (私共)				
㊿	조화 (調和)				

★ ④시계 ⑳차례 ㉖폐 ㉙세계 ㊴쟤   ★ ㊳회의 ㊽후회 ㊾저희 ㊿조화
   [게]   [레]   [페]   [게]   [재]   [이]   [외]   [이]   [와]

基礎 4 課 複合母音 11 個

基礎 5課 | バッチム1
ㄴ,ㅁ,ㅇ,ㄹバッチム

●バッチムとは？

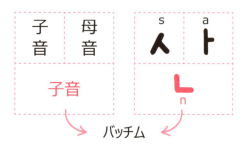

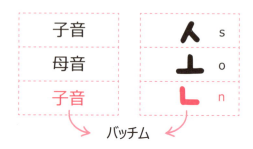

●バッチムの発音：舌の位置や口の形に注意。バッチムは**7つの代表音**で発音される。今回はㄴ, ㅁ, ㅇ, ㄹで代表されるバッチムを練習。

バッチムの代表音	日本語発音例	舌の位置や口の形	バッチムの形	単語
① ㄴ [n] 鼻音	あんない	**舌先を上歯の裏につける。**鼻から息が抜ける鼻音	ㄴ, ㄵ, ㄶ	안, 신
② ㅁ [m] ★口を閉じる 鼻音	さんま	**舌はどこにも付かない。**鼻から息が抜ける鼻音。**口を閉じる**	ㅁ, ㄻ	몸, 김
③ ㅇ [ng]	あんこ	**舌はどこにも付かない。**口の中に空洞ができる。鼻から息が抜ける鼻音	ㅇ	강, 방
④ ㄹ [l] 流音		**舌先が上あごにそっと付く**	ㄹ, ㄿ, ㄾ など	발, 물

練習 1 舌の位置や口の形を意識しながら発音し、 2回書きましょう。

①	손(手)			②	눈(目・雪)		
③	돈(お金)			④	천(千)		
⑤	팬(ファン)			⑥	사진(写真)		
⑦	우산(傘)			⑧	준비(準備)		
⑨	진짜(本物)			⑩	운전(運転)		
⑪	몸(体)			⑫	꿈(夢)		
⑬	뱀(へび)			⑭	마음(心)		
⑮	김치(キムチ)			⑯	처음(初めて)		
⑰	담배(タバコ)			⑱	사람(人)		
⑲	아침(朝)			⑳	점심(お昼)		
㉑	방(部屋)			㉒	강(川)		
㉓	빵(パン)			㉔	콩(豆)		
㉕	영어(英語)			㉖	종이(紙)		
㉗	공부(勉強)			㉘	가방(鞄)		

基礎 5 課 パッチム 1

㉙ 사랑(愛)			㉚ 공항(空港)		
㉛ 발(足)			㉜ 팔(腕)		
㉝ 달(月)			㉞ 물(水)		
㉟ 일(仕事)			㊱ 갈비(カルビ)		
㊲ 와플(ワッフル)			㊳ 콜라(コーラ)		
㊴ 날씨(天気)			㊵ 얼굴(顔)		

練習2 次の単語を、舌の位置や口の形に注意しながら音読練習しましょう。

①반(半)　②밤(夜)　③방(部屋)　④발(足)

⑤친구(友達)　⑥언니(姉)　⑦신문(新聞)　⑧핸드폰(携帯)

⑨안내(案内)　⑩도서관(図書館)　⑪에어컨(エアコン)　⑫김(海苔)

⑬짐(荷物)　⑭김치(キムチ)　⑮가끔(たまに)　⑯지금(今)

⑰봄(春)　⑱여름(夏)　⑲안심(安心)　⑳요즘(この頃)

㉑사람(人)　㉒사랑(愛)　㉓운동(運動)　㉔안경(眼鏡)

㉕병원(病院)　㉖보통(普通)　㉗건강(健康)　㉘동생(妹・弟)

㉙선생님(先生)　㉚공무원(公務員)　㉛주말(週末)　㉜오늘(今日)

㉝내일(明日)　㉞딸(娘)　㉟아들(息子)　㊱볼펜(ボールペン)

㊲전철(電車)　㊳지하철(地下鉄)　㊴일본(日本)　㊵과일(果物)

基礎	6課	**バッチム2** **1.** ㄱ,ㄷ,ㅂ バッチム **2.** 異なる2つのバッチム

① ㄱ,ㄷ,ㅂバッチム

舌の位置や口の形に注意。バッチムは 7つの代表音 で発音される。

今回は ㄱ, ㄷ, ㅂ で代表されるバッチムを練習。

代表音	日本語発音例	舌の位置や口の形	バッチムの形	単語
⑤ ㄱ	がっかり	**舌の根が喉をふさぐような**感じ。急に息を止める	ㄱ,ㅋ,ㄲ	박, 부엌, 밖
⑥ ㄷ 閉鎖音	いった	**舌先が上歯の裏にくっ付く**。急に息を止める	ㄷ,ㅌ,ㅅ,ㅆ, ㅈ,ㅊ,ㅎ	곧, 밭, 옷, 있다
⑦ ㅂ ★口を閉じる	はっぱ	**舌はどこにも付かない。急**に息を止めて、**口を閉じる**	ㅂ,ㅍ,ㅄ など	입, 잎

34　　　　　　　　　　　　　　　　　　　　基礎からゆっくり韓国語

練習 1 舌の位置や口の形を意識しながら発音し、2回書きましょう。

①	약(薬)			②	역(駅)		
③	국(汁)			④	목(首)		
⑤	죽(お粥)			⑥	박(朴)		
⑦	밖(外)			⑧	부엌(台所)		
⑨	시작(スタート)			⑩	매력(魅力)		
⑪	숙제(宿題)			⑫	부탁(お願い)		
⑬	약속(約束)			⑭	목적(目的)		
⑮	곧(すぐ)			⑯	옷(服)		
⑰	맛(味)			⑱	받다(もらう)		
⑲	셋(三つ)			⑳	웃다(笑う)		
㉑	빗(くし)			㉒	빚(借金)		
㉓	빛(光)			㉔	낮(昼間)		
㉕	낯(顔)			㉖	꽃(花)		
㉗	밭(畑)			㉘	팥(小豆)		

基礎6課 バッチム2

35

㉙ 끝 (終わり)			㉚ 있다 (ある)		
㉛ 입 (口)			㉜ 잎 (葉)		
㉝ 밥 (ご飯)			㉞ 집 (家)		
㉟ 팁 (チップ)			㊱ 앞 (前)		
㊲ 수업 (授業)			㊳ 지갑 (財布)		
㊴ 면접 (面接)			㊵ 입다 (着る)		

練習 2 次の単語を、舌の位置や口の形に注意しながら音読練習しましょう。

① 박 (朴)　② 밖 (外)　③ 밭 (畑)　④ 밥 (ご飯)

⑤ 속 (中)　⑥ 솥 (釜)　⑦ 숲 (森)　⑧ 책 (本)

⑨ 숙제 (宿題)　⑩ 한국 (韓国)　⑪ 유학 (留学)　⑫ 중국 (中国)

⑬ 학생 (学生)　⑭ 수업 (授業)　⑮ 노트북 (ノートパソコン)　⑯ 옆집 (隣家)

⑰ 먹다 (食べる)　⑱ 학교 (学校)　⑲ 맵다 (辛い)　⑳ 받다 (もらう)

㉑ 웃다 (笑う)　㉒ 작다 (小さい)　㉓ 입다 (着る)　㉔ 수박 (西瓜)

㉕ 지갑 (財布)　㉖ 깎다 (削る)　㉗ 있다 (ある)　㉘ 했다 (した)

㉙ 몇 개 (何個)　㉚ 가족 (家族)　㉛ 택시 (タクシー)　㉜ 저녁 (夜)

㉝ 식사 (食事)　㉞ 낚시 (釣り)　㉟ 잡다 (捕まえる)　㊱ 옷 (服)

㊲ 숟가락 (スプーン)　㊳ 젓가락 (箸)　㊴ 꽃 (花)　㊵ 티켓 (チケット)

ㄹ 異なる2つのバッチム

「ㄺ,ㄳ,ㄵ,ㄶ,ㄼ,ㄽ,ㄾ,ㅀ,ㄻ,ㅄ,ㄿ」の11パターンがある。

両方を発音することは不可能で、どれか一つをとって発音。

前の子音で発音	ㄳ , ㄵ , ㄶ , ㄼ , ㄽ , ㄾ , ㅀ , ㅄ
後ろの子音で発音	ㄺ , ㄻ , ㄿ

☆基礎韓国語では ㄵ, ㄶ, ㄼ, ㅀ, ㅄ, ㄺ の6つを、単語が出た時に確認しながら

徐々に覚えていきましょう。

> **練習3** 舌の位置や口の形を意識しながら発音し、2回書きましょう。

①	닭 (鶏)			②	읽다 (読む)		
③	앉다 (座る)			④	여덟 (8つ)		
⑤	넓다 (広い)			⑥	값 (値段)		
⑦	없다 (ない)			⑧	많다 (多い)		
⑨	괜찮다 (大丈夫だ)			⑩	싫다 (嫌だ)		

基礎6課 バッチム2

基礎 7課 | 日本語のハングル表記

あ	아	か	가 カ	さ	사	た	다 타	な	나	は	하	ま	마	や	야	ら	라	わ	와
い	이	き	기 키	し	시	ち	치	に	니	ひ	히	み	미			り	리		
う	우	く	구 쿠	す	스	つ	쓰 (츠)	ぬ	누	ふ	후	む	무	ゆ	유	る	루		
え	에	け	게 케	せ	세	て	데 테	ね	네	へ	헤	め	메			れ	레		
お	오	こ	고 코	そ	소	と	도 토	の	노	ほ	호	も	모	よ	요	ろ	로	を	오

が	가	ざ	자	だ	다	ば	바	ぱ	파	きゃ	갸 캬	ぎゃ	갸	しゃ	샤	じゃ	자	ちゃ	차
ぎ	기	じ	지	ぢ	지	び	비	ぴ	피										
ぐ	구	ず	즈	づ	즈	ぶ	부	ぷ	푸	きゅ	규 큐	ぎゅ	규	しゅ	슈	じゅ	주	ちゅ	추
げ	게	ぜ	제	で	데	べ	베	ぺ	페										
ご	고	ぞ	조	ど	도	ぼ	보	ぽ	포	きょ	교 쿄	ぎょ	교	しょ	쇼	じょ	조	ちょ	초

										促音「っ」：バッチム「ㅅ」
にゃ	냐	ひゃ	햐	びゃ	뱌	ぴゃ	퍄	みゃ	먀	りゃ 랴

• 促音「っ」：バッチム「ㅅ」
(例)とっとり：돗토리

• 撥音「ん」：バッチム「ㄴ」
(例)ぎんざ：긴자

• 長音：表記しない
(例)おおたに：오타니

にゃ	냐	ひゃ	햐	びゃ	뱌	ぴゃ	퍄	みゃ	먀	りゃ	랴
にゅ	뉴	ひゅ	휴	びゅ	뷰	ぴゅ	퓨	みゅ	뮤	りゅ	류
にょ	뇨	ひょ	효	びょ	뵤	ぴょ	표	みょ	묘	りょ	료

★ 語頭（単語の最初）時の表記　（例）かがわ → 가가와

練習 1 日本語の五十音をハングルに直しましょう。

あ		か	/	さ		た	/	な		は		ま		や		ら		わ	
い		き	/	し		ち		に		ひ		み				り			
う		く	/	す		つ		ぬ		ふ		む		ゆ		る			
え		け	/	せ		て	/	ね		へ		め				れ			
お		こ	/	そ		と	/	の		ほ		も		よ		ろ		を	

練習 2 日本語の濁音や拗音をハングルに直しましょう。

が		ざ		だ		ば		ぱ		きゃ	/	ぎゃ		しゃ		じゃ		ちゃ	
ぎ		じ		ぢ		び		ぴ											
ぐ		ず		づ		ぶ		ぷ		きゅ	/	ぎゅ		しゅ		じゅ		ちゅ	
げ		ぜ		で		べ		ぺ											
ご		ぞ		ど		ぼ		ぽ		きょ	/	ぎょ		しょ		じょ		ちょ	

にゃ		ひゃ		びゃ		ぴゃ		みゃ		りゃ	
にゅ		ひゅ		びゅ		ぴゅ		みゅ		りゅ	
にょ		ひょ		びょ		ぴょ		みょ		りょ	

基礎 7 課　日本語のハングル表記

練習3 自分の名前をハングルで書きながら覚えましょう。(6回書く)

_____ _____ _____

_____ _____ _____

練習4 日本の地名や人名をハングルに直してみましょう。

①こうべ：_____ ②おおさか：_____ ③ひめじ：_____

④さっぽろ：_____ ⑤ぐんま：_____ ⑥せんだい：_____

⑦ほっかいどう：_____ ⑧ろっぽんぎ：_____ ⑨きょうと：_____

⑩とうきょう：_____ ⑪はこだて：_____ ⑫べっぷ：_____

⑬かごしま：_____ ⑭あまがさき：_____ ⑮はちおうじ：_____

⑯させぼ：_____ ⑰きたきゅうしゅう：_____ ⑱いずも：_____

⑲にっこう：_____ ⑳あわじ：_____ ㉑なばり：_____

㉒しょうばら：_____ ㉓かこがわ：_____ ㉔すず：_____

㉕はにゅう ゆづる：_____ ㉖くろやなぎ てつこ：_____

㉗こいずみ じゅんいちろう：_____ ㉘きむら たくや：_____

㉙ほんだ けいすけ：_____ ㉚おおたに しょうへい：_____

基礎 8課 ｜ 発音の変化 1

1. 濁音化

2. 連音化とその例外

---

① 濁音化

語頭では中間的な音の ㄱ[k/g], ㄷ[t/d], ㅂ[p/b], ㅈ[ch/j] は、母音や鼻音(ㄴ,ㅁ,ㅇ)、流音(ㄹ)の後では濁り、[g, d, b, j]に発音される。

例　고기, 자두, 두부, 아주, 한국, 남자, 공부, 갈비

練習 1　**濁音化**に注意しながら発音し、 2 回書きましょう。

① **가구**(家具)			② **고기**(肉)		
③ **거기**(そこ)			④ **가게**(店)		
⑤ **구두**(くつ)			⑥ **바다**(海)		
⑦ **두부**(豆腐)			⑧ **자두**(すもも)		
⑨ **유도**(柔道)			⑩ **부부**(夫婦)		

42　　　　　　　　　　　　　　　　　　基礎からゆっくり韓国語

⑪	주부 (主婦)		⑫	아버지 (父)	
⑬	자주 (頻繁に)		⑭	부자 (金持ち)	
⑮	아주 (とても)		⑯	한국 (韓国)	
⑰	문구 (文具)		⑱	언제 (いつ)	
⑲	감동 (感動)		⑳	남자 (男子)	
㉑	공부 (勉強)		㉒	경제 (経済)	
㉓	갈비 (カルビ)		㉔	일본 (日本)	

２ 連音化とその例外

● 連音化：バッチムの後に**母音**が来た場合、バッチムを母音の**ゼロ子音（無音）**「ㅇ」の所に移動させて、一気に滑らかに発音。

例　단어 [다너]　밖에 [바께]　있어요 [이써요]

　　읽어요 [일거요]

基礎8課 発音の変化1

練習2 **連音化**に注意しながら発音し、2回書きましょう。

①	**한국어**(韓国語)			②	**음악**(音楽)	
③	**금연**(禁煙)			④	**학원**(塾)	
⑤	**입원**(入院)			⑥	**연애**(恋愛)	
⑦	**밖이**(外が)			⑧	**수박이**(西瓜が)	
⑨	**옆에**(横に)			⑩	**앞에**(前に)	
⑪	**옷이**(服が)			⑫	**꽃이**(花が)	
⑬	**부엌에**(台所に)			⑭	**입이**(口が)	
⑮	**잎이**(葉が)			⑯	**빗이**(くしが)	
⑰	**빚이**(借りが)			⑱	**빛이**(光が)	
⑲	**티켓이**(チケットが)			⑳	**웃어요**(笑います)	
㉑	**찾아요**(探します)			㉒	**했어요**(しました)	
㉓	**갔어요**(行きました)			㉔	**닦아요**(磨きます)	

基礎からゆっくり韓国語

㉕	넓이 (広さ)			㉖	읽어요 (読みます)		
㉗	앉아요 (座ります)			㉘	밝아요 (明るいです)		
㉙	값이 (値段が)			㉚	없어요 (ないです)		

●連音化の例外：

①バッチム「ㅇ」の後に**母音**が来た場合は、連音化せず、それぞれ発音。

　　例　영어[영어]　　종이[종이]

②バッチム「ㅎ」の後に**母音**が来た場合、ㅎは発音しない。

　　例　좋아요[조아요]　　많아요[마나요]

③バッチム「ㄷ, ㅌ」の後に**母音**「이」が来た場合、「디, 티」ではなく、「지, 치」と発音。

　　例　굳이[구지]　　같이[가치]

練習 3　**連音化の例外**に注意しながら発音し、2回書きましょう。

①	영어 (英語)			②	종이 (紙)		
③	고양이 (猫)			④	강아지 (子犬)		
⑤	오징어 (イカ)			⑥	엉덩이 (尻)		

基礎 8 課　発音の変化 1

45

⑦	생일 (誕生日)			⑧	강의(講義)		
⑨	병원(病院)			⑩	공원(公園)		
⑪	응원(応援)			⑫	통역(通訳)		
⑬	방이 (部屋が)			⑭	빵을 (パンを)		
⑮	사랑을 (恋を)			⑯	가방에 (鞄に)		
⑰	식당에 (食堂に)			⑱	동생이 (弟が)		
⑲	좋아요 (良いです)			⑳	많아요 (多いです)		
㉑	많이(たくさん)			㉒	싫어요 (嫌です)		
㉓	괜찮아 (大丈夫)			㉔	좋아해 (好き)		
㉕	굳이(敢て)			㉖	같이 (一緒に)		
㉗	미닫이 (引き戸)			㉘	해돋이 (日の出)		
㉙	밭이(畑が)			㉚	팥이 (小豆が)		

練習 4 **連音化とその例外**に注意しながら音読練習しましょう。

① 한국어(韓国語) ② 일본어(日本語) ③ 신입생(新入生) ④ 일이(仕事が)

⑤ 수업이(授業が) ⑥ 웃음(笑い) ⑦ 연애(恋愛) ⑧ 약속이(約束が)

⑨ 시간이(時間が) ⑩ 사람이(人が) ⑪ 주말에(週末に) ⑫ 점심을(お昼を)

⑬ 서울을(ソウルを) ⑭ 옷을(服を) ⑮ 핸드폰이(携帯が) ⑯ 졸업(卒業)

⑰ 집에서(家で) ⑱ 도서관에서(図書館で) ⑲ 볶음밥(チャーハン)

⑳ 지갑을(財布を) ㉑ 앞을(前を) ㉒ 옆을(横を)

㉓ 밖을(外を) ㉔ 있어요(あります) ㉕ 왔어요(来ました)

㉖ 없어요(ありません) ㉗ 읽어요(読みます) ㉘ 동생이(妹・弟が)

㉙ 학생이(学生が) ㉚ 나중에(後で) ㉛ 좋아요(良いです)

㉜ 좋아해요(好きです) ㉝ 많이(たくさん) ㉞ 싫어요(嫌です)

㉟ 싫어해요(嫌いです) ㊱ 괜찮아요(大丈夫です) ㊲ 많아요(多いです)

㊳ 가지 않아요(行きません) ㊴ 해돋이(日の出) ㊵ 같이(一緒に)

基礎 8 課 発音の変化 1

基礎	9課	発音の変化 2

発音の変化 2

1. 濃音化
2. 激音化

❶ 濃音化

急に息を止めるバッチム ㄱ, ㄷ, ㅂ の後に来る ㄱ, ㄷ, ㅂ, ㅅ, ㅈ は濃音と発音される。

例　약국[약꾹]　　받다[받따]　　접시[접씨]

練習 1　**濃音化**に注意しながら発音し、2 回書きましょう。

①	악기(楽器)			②	국제(国際)		
③	약국(薬局)			④	학교(学校)		
⑤	학생(学生)			⑥	숙제(宿題)		
⑦	식당(食堂)			⑧	맥주(ビール)		
⑨	깎다(削る)			⑩	닦다(拭く)		

基礎からゆっくり韓国語

⑪	읽다 (読む)			⑫	받다 (もらう)	
⑬	걷자 (歩こう)			⑭	숟가락 (スプーン)	
⑮	젓가락 (箸)			⑯	옷장 (衣装ダンス)	
⑰	있다 (ある)			⑱	팥빙수 (パッピンス)	
⑲	접시 (皿)			⑳	합격 (合格)	
㉑	고맙다 (ありがたい)			㉒	옆사람 (隣の人)	
㉓	옆집 (隣家)			㉔	없다 (ない)	

ㄹ 激音化 - ①

バッチムㄱ, ㄷ, ㅂの後に、ㅎが来ると、二つの音はぶつかり、激音と発音される。

例　축하 [추카]　　못하다 [모타다]　　연습하다 [연스파다]
　　　　　　　　　　代表音 [몯]

基礎 9 課　発音の変化 2

練習 2   **激音化**に注意しながら発音し、 2 回書きましょう。

①	악화(悪化)			②	박하(薄荷)	
③	육회(ユッケ)			④	학회(学会)	
⑤	역할(役割)			⑥	특히(特に)	
⑦	백화점 (百貨店)			⑧	착하다 (やさしい)	
⑨	시작하다 (始める)			⑩	반복해서 (反復して)	
⑪	못해요 (できません)			⑫	깨끗해요 (清潔です)	
⑬	따뜻해요 (暖かいです)			⑭	입학 (入学)	
⑮	법학(法学)			⑯	집회(集会)	
⑰	협회(協会)			⑱	연습해요 (練習します)	

基礎からゆっくり韓国語

2 激音化 - ②

バッチム ㅎ の後に、ㄱ,ㄷ,ㅈ が来ると、二つの音はぶつかり、激音と発音される。

例 좋고[조코]   좋다[조타]   좋지 않다[조치 안타]

練習 3 **激音化**に注意しながら発音し、 2 回書きましょう。

①	**어떻다** (どうだ)			②	**어떻게** (どのように)	
③	**그렇다** (そうだ)			④	**그렇고** (そうで)	
⑤	**그렇죠** (そうですよ)			⑥	**많다**(多い)	
⑦	**많고**(多くて)			⑧	**많지 않다** (多くない)	
⑨	**괜찮다** (大丈夫だ)			⑩	**괜찮고** (大丈夫だし)	
⑪	**괜찮지 않다** (大丈夫じゃない)			⑫	**싫다**(嫌だ)	
⑬	**싫고**(嫌で)			⑭	**싫지 않다** (嫌じゃない)	

基礎 10課　発音の変化3

1. ㅎ弱音化
2. 鼻音化
3. 流音化

1 ㅎ弱音化 - ①

母音とバッチム「ㅇ」(鼻音)の後のㅎ音は会話の中で弱まる傾向がある。

例　교회[교외]　경험[경엄]

練習 1 ㅎ弱音化に注意しながら発音し、2回書きましょう。

① 지하(地下)			② 이하(以下)		
③ 이해(理解)			④ 기호(記号)		
⑤ 기후(気候)			⑥ 의회(議会)		
⑦ 소화(消化)			⑧ 조화(調和)		
⑨ 재회(再会)			⑩ 보호(保護)		

⑪	기회(機会)			⑫	교회(教会)		
⑬	너희(君たち)			⑭	저희(私ども)		
⑮	피해(被害)			⑯	오해(誤解)		
⑰	화해(和解)			⑱	회화(会話)		
⑲	지휘(指揮)			⑳	여행(旅行)		
㉑	유학(留学)			㉒	고향(故郷)		
㉓	시험(試験)			㉔	대학생(大学生)		
㉕	경험(経験)			㉖	중학교(中学校)		
㉗	방향(方向)			㉘	성함(お名前)		
㉙	영화(映画)			㉚	생활(生活)		
㉛	공항(空港)			㉜	통화(通話)		
㉝	평화(平和)			㉞	방학(休み)		
㉟	운동화(運動靴)			㊱	안녕히(安寧に)		

基礎 10 課 発音の変化 3

❶ ㅎ弱音化 - ②

バッチム「ㄴ, ㅁ, ㄹ」の後のㅎ音は弱まって、前のバッチムが連音化

鼻音　流音

例　전화[저놔]　　음향[으먕]　　결혼[겨론]

練習 2　ㅎ**弱音化**と**連音化**に注意しながら発音し、 2回書きましょう。

① 전화(電話)			② 번호(番号)		
③ 신호(信号)			④ 인형(人形)		
⑤ 연휴(連休)			⑥ 손해(損害)		
⑦ 은행(銀行)			⑧ 문화(文化)		
⑨ 진학(進学)			⑩ 문학(文学)		
⑪ 전혀(全然)			⑫ 미안해(ごめん)		
⑬ 간호사(看護師)			⑭ 변호사(弁護士)		
⑮ 천천히(ゆっくり)			⑯ 음향(音響)		
⑰ 암호(暗号)			⑱ 남학생(男子学生)		

54　　　　　　　　　　　　　　　　　　　　基礎からゆっくり韓国語

⑲ 밤하늘 (夜空)			⑳ 열심히 (熱心に)		
㉑ 남해안 (南海岸)			㉒ 조심해 (気を付けて)		
㉓ 올해 (今年)			㉔ 결혼 (結婚)		
㉕ 철학 (哲学)			㉖ 말하다 (言う)		
㉗ 일해요 (働きます)			㉘ 잘해요 (上手です)		

❷ 鼻音化

バッチム「ㄱ, ㄷ, ㅂ」の後ろに「ㄴ, ㅁ」が来ると、バッチムはそれぞれ「ㅇ, ㄴ, ㅁ」と、鼻音になる。

例　국민[궁민]　　거짓말[거진말]　　입니다[임니다]
　　　　　　　代表音 [짇]

基礎 10 課 発音の変化 3

練習 3　**鼻音化**に注意しながら発音し、 2 回書きましょう。

① 작년(昨年)			② 국내(国内)		
③ 식물(植物)			④ 학년(学年)		
⑤ 악몽(悪夢)			⑥ 국민(国民)		
⑦ 박물관 (博物館)			⑧ 한국말 (韓国語)		
⑨ 받는다 (もらう)			⑩ 옛날(昔)		
⑪ 콧물(鼻水)			⑫ 거짓말 (嘘)		
⑬ 첫눈(初雪)			⑭ 잇몸(歯茎)		
⑮ 겉모습 (見た目)			⑯ 몇 명(何人)		
⑰ 입니다 (です)			⑱ 합니다 (します)		
⑲ 업무(業務)			⑳ 입맛(食欲)		
㉑ 입모양 (口の形)			㉒ 십만(十万)		
㉓ 옆문(脇戸)			㉔ 앞머리 (前髪)		

基礎からゆっくり韓国語

３ 流音化

バッチム「ㄴ」＋「ㄹ」 ⇨ バッチム「ㄹ」＋「ㄹ」

バッチム「ㄹ」＋「ㄴ」 ⇨ バッチム「ㄹ」＋「ㄹ」

例　연락[열락]　　일년[일련]

練習 4　**流音化**に注意しながら発音し、２回書きましょう。

①	연락(連絡)			②	편리(便利)	
③	관련(関連)			④	권리(権利)	
⑤	일년(一年)			⑥	설날(お正月)	
⑦	실내(室内)			⑧	칼날(刃)	

基礎 10 課 発音の変化 3

메모

메모

第1課 | 저는 학생입니다

- Point 1 - は
- Point 2 - ですか
- Point 3 - です

마유 : ①안녕하세요? 처음 뵙겠습니다.

　　　　저는 사나다 마유라고 합니다.

호준 : ②안녕하십니까? 처음 뵙겠습니다.

　　　　저는 김호준입니다.

마유 : ③호준 씨는 학생입니까?

호준 : ④네, 학생입니다.

会話文の訳

まゆ　　　：①こんにちは。はじめまして。
　　　　　　私は真田まゆと申します。
ホジュン　：②こんにちは。はじめまして。
　　　　　　私は金・ホジュンです。
まゆ　　　：③ホジュンさんは学生ですか。
ホジュン　：④はい、学生です。

単語と語句

1. **안녕하세요?** こんにちは 直 安寧でいらっしゃいますか：朝、昼、晩いつでも使える

2. **처음 뵙겠습니다** はじめまして 直 初めてお目にかかります

3. **저** わたくし、わたし(謙譲語)

4. **는** -は

5. **라고 합니다** -と申します

6. **안녕하십니까?** こんにちは 1 **안녕하세요?** より畏まった言い方

7. **입니다** -です

8. **씨 (氏)** -さん

9. **학생** 学生

10. **입니까?** -ですか

11. **네** はい

第 1 課 저는 학생입니다

61

Point 1 　　는/은　−は

バッチム無し名詞 ＋ **는**

例　저는, 　친구는
私は　　　友達は

ㅓという母音で終わっている　　ㅜという母音で終わっている

バッチム有り名詞 ＋ **은**

例　학생은, 　일본은
学生は　　　日本は

ㅇという子音（バッチム）で終わっている　　ㄴという子音（バッチム）で終わっている

Point 2 　　입니까?　−ですか

名詞 ＋ **입니까?**

例　친구입니까?
友達ですか

학생입니까?
学生ですか

Point 3 　　입니다　−です

名詞 ＋ **입니다**

例　친구입니다
友達です

학생입니다
学生です

基礎からゆっくり韓国語

練習 1 （　）に、助詞「는」か「은」を入れ、発音してみましょう。

① 저（　） 私は
② 언니（　） 姉は
③ 오빠（　） 兄は
④ 친구（　） 友達は
⑤ 누나（　） 姉は

⑥ 형（　） 兄は
⑦ 학생（　） 学生は
⑧ 선생님（　） 先生は
⑨ 호텔（　） ホテルは
⑩ 병원（　） 病院は

練習 2 例のように「名詞＋ですか」という文を作り、発音してみましょう。（2回書く）

例　　　학생 : 학생입니까?　　학생입니까?
　　　　学生

① 대학생 : ＿＿＿＿＿＿＿＿＿　＿＿＿＿＿＿＿＿＿
　　大学生

② 회사원 : ＿＿＿＿＿＿＿＿＿　＿＿＿＿＿＿＿＿＿
　　会社員

③ 공무원 : ＿＿＿＿＿＿＿＿＿　＿＿＿＿＿＿＿＿＿
　　公務員

④ 선생님 : ＿＿＿＿＿＿＿＿＿　＿＿＿＿＿＿＿＿＿
　　先生

⑤ 일본 사람 : ＿＿＿＿＿＿＿＿　＿＿＿＿＿＿＿＿＿
　　日本人

⑥ 한국 사람 : ＿＿＿＿＿＿＿＿　＿＿＿＿＿＿＿＿＿
　　韓国人

第 1 課 저는 학생입니다

練習 3　例のように「名詞＋です」という文を作り、発音してみましょう。（2回書く）

例　학생 : 학생입니다.　학생입니다.
　　学生

① 대학생 :
　　大学生

② 회사원 :
　　会社員

③ 공무원 :
　　公務員

④ 선생님 :
　　先生

⑤ 일본 사람 :
　　日本人

⑥ 한국 사람 :
　　韓国人

練習 4　例のように「- は　- です」という文を作り、発音してみましょう。（2回書く）

例　저 / 대학생 : 저는 대학생입니다.
　　私 / 大学生

① 친구 / 회사원 :
　　友達 / 会社員

② 언니・누나 / 공무원 :
　　姉　　　 / 公務員

③ 오빠・형 / 의사 :
　　兄　　 / 医者

64　　　　　　　　　　　　　　　　基礎からゆっくり韓国語

④ 동생 / 고등학생 : _____ _____
　　妹・弟 / 高校生

⑤ 제 고향 / 고베 : _____ _____
　　私の故郷 / 神戸

⑥ 한국 / 처음 : _____ _____
　　韓国 / 初めて

練習 5 例のように「- さんは　- ですか」と質問し、答えてみましょう。

例　**학생**
　　学生

A: (相手の名前) 씨는　학생입니까?
　　- さんは　学生ですか。

B: 네, 학생입니다.
　　はい、学生です。

① 대학생　　② 고등학생　　③ 회사원　　④ 공무원　　⑤ 의사　　⑥ 일본 사람

練習 6 以下の日本語を韓国語に直して、覚えましょう。(2 回書く)

① こんにちは　_____　_____

② はじめまして　_____　_____

③ 私は(自分の名前)と申します　_____

　　_____

④ 大学生です　_____　_____

第 1 課 저는 학생입니다　　65

第2課 | 대학생이 아닙니다

- Point 1 - が
- Point 2 - ではありません

호준 : ①마유 씨 남자 친구입니까?

마유 : ②아뇨, 제 동생입니다.

호준 : ③동생은 대학생입니까?

호준 : ④아뇨, 대학생이 아닙니다.
　　　　고등학생입니다.

会話文の訳

ホジュン： ①まゆさんの彼氏ですか。
まゆ　　： ②いいえ、わたしの弟です。
ホジュン： ③弟さんは大学生ですか。
まゆ　　： ④いいえ、大学生ではありません。高校生です。

単語と語句

1. **남자 친구** 彼氏
2. **아뇨** いいえ **아니요** の縮約
3. **제** わたしの **저의**の縮約
4. **동생** 弟・妹
5. **대학생** 大学生
6. **이** -が
7. **아닙니다** 違います 基**아니다**
8. **고등학생** 高校生 直高等学生

Point 1　가/이　-が

バッチム無し名詞　+	**가**	姉が　　　　友達が 例 **언니가, 친구가**

★ 私が：저**가** ×　제**가** ○

バッチム有り名詞　+	**이**	学生が　　　　会社員が 例 **학생이, 회사원이**

第 2 課 대학생이 아닙니다

67

| Point 2 | 가/이 아닙니다　直 -が 違います ⇨ -ではありません |

バッチム無し名詞 ＋ **가 아닙니다**　例 **가수가 아닙니다.**

　直 歌手が　　違います

　⇨ 歌手ではありません

バッチム有り名詞 ＋ **이 아닙니다**　例 **학생이 아닙니다.**

　直 学生が　　違います

　⇨ 学生ではありません

練習 1 （　）に、助詞「**가**」か「**이**」を入れ、発音してみましょう。

① 제（　） 　② 언니（　） 　③ 오빠（　） 　④ 친구（　） 　⑤ 누나（　）
　私が 　　　姉が 　　　　兄が 　　　　友達が 　　　　姉が

⑥ 형（　） 　⑦ 학생（　） 　⑧ 선생님（　） 　⑨ 호텔（　） 　⑩ 병원（　）
　兄が 　　　学生が 　　　先生が 　　　　ホテルが 　　　病院が

練習 2 例のように「-が ありますか・いますか」という文を作り、音読練習しましょう。
（2 回書く）

例　　**학생 : 학생이 있습니까?　 학생이 있습니까?**
　　　学生　　学生が　いますか。

① **교과서 :** ＿＿＿＿＿＿＿＿＿＿＿　＿＿＿＿＿＿＿＿＿＿＿
　教科書

② **지우개 :** ＿＿＿＿＿＿＿＿＿＿＿　＿＿＿＿＿＿＿＿＿＿＿
　消しゴム

③ 남자 · 여자친구 : _____ _____
彼氏 · 彼女

④ 노트북 : _____ _____
ノートパソコン

⑤ 볼펜 : _____ _____
ボールペン

⑥ 동생 : _____ _____
弟 · 妹

練習 3 例のように「-が -です」という文を作り、音読練習しましょう。(2 回書く)

例　　저 / 스즈키 : 제가 스즈키입니다.　제가 스즈키입니다.
　　　私 / 鈴木　　私が　鈴木　です

① 여기 / 우리 집 : _____ _____
ここ / 我が家

② 저기 / 학생식당 : _____ _____
あそこ / 学生食堂

③ 오사카 / 제 고향 : _____ _____
大阪 / 私の故郷

④ 서울 / 수도 : _____ _____
ソウル / 首都

⑤ 집 / 고베 : _____ _____
家 / 神戸

⑥ 여행 / 취미 : _____ _____
旅行 / 趣味

第 2 課 대학생이 아닙니다

練習 4 例のように「私の（제） -です」という文を作り、音読練習しましょう。
（2 回書く）

例
동생 : 제 동생입니다.　　제 동생입니다.
弟・妹　私の 弟・妹です。

① 방 : _____　_____
部屋

② 친구 : _____　_____
友達

③ 고향 : _____　_____
故郷

④ 가방 : _____　_____
かばん

⑤ 교과서 : _____　_____
教科書

⑥ 노트북 : _____　_____
ノートパソコン

練習 5 例のように「-ではありません」という文を作り、音読練習しましょう。
（2 回書く）

例
학생 : 학생이 아닙니다.　　학생이 아닙니다.
学生　　学生ではありません

① 회사원 : _____　_____
会社員

② 공무원 : _____　_____
公務員

70　　　　　　　　　　　　　　　　　　　基礎からゆっくり韓国語

③ 고등학생 : _____ _____
　　高校生

④ 의사 : _____ _____
　　医者

⑤ 제 교과서 : _____ _____
　　私の 教科書

⑥ 남자・여자 친구 : _____ _____
　　彼氏・彼女

練習 6 ①〜⑦はすでに習った単語です。_____に日本語の意味を書きましょう。
その後、例のように「-さんは -ですか」と質問し、「いいえ、私は
-ではありません」と答えましょう。

例　학생
　　学生

> A: (相手の名前) 씨는 **학생입니까?**
> 　　　　　　　　　-さんは 学生ですか。
> B: 아뇨, 저는 **학생이** 아닙니다.
> 　　いいえ、私は 学生ではありません。

① 고등학생　　② 가수　　③ 회사원　　④ 공무원　　⑤ 의사
_____　　_____　　_____　　_____　　_____

⑥ 한국 사람　　⑦ 일본 사람　　⑧ 중국 사람　　⑨ 간호사　　⑩ 변호사
_____　　_____　　　　　　　　　中国人　　　　看護師　　　弁護士

第 2 課 대학생이 아닙니다　　**71**

第3課 친구하고 약속이 있습니다

- Point 1 -と
- Point 2 畏まった丁寧語『합니다体』1

호준 : ①마유 씨, 내일 시간 있습니까?

마유 : ②아뇨, 내일은 시간이 없습니다. 친구하고 약속이 있습니다.

호준 : ③그럼, 모레는 있습니까?

마유 : ④네, 모레는 괜찮습니다.

会話文の訳

ホジュン : ①まゆさん、明日時間ありますか。
まゆ　　 : ②いいえ、明日は時間がありません。友達と約束があります。
ホジュン : ③では、明後日はありますか。
まゆ　　 : ④はい、明後日は大丈夫です。

単語と語句

1. 내일 明日
2. 시간 時間
3. 있습니까? 発 [읻씀니까] ありますか・いますか 基 있다
4. 없습니다 発 [업씀니다] ありません・いません 基 없다
5. 친구 友達
6. 하고 -と
7. 약속 約束
8. 있습니다 あります・います 基 있다
9. 그럼 では、じゃ
10. 모레 明後日
11. 괜찮습니다 発 [괜찬씀니다] 大丈夫です 基 괜찮다

第3課 친구하고 약속이 있습니다

Point 1	하고　－と

☆ㅎ音の変化に注意（基礎編のㅎ弱音化、激音化を参照）

名詞　＋　　하고　　㊟　언니하고　오빠，　형하고　누나
（姉　と　兄）　（兄　と　姉）

볼펜하고　지우개，　내일하고　모레
（ボールペン　と　消しゴム）　（明日　と　明後日）

Point 2	畏まった丁寧語『합니다体』1　－ます・です

☆**語幹**とは？　韓国語の動詞、形容詞の基本形は「다」で
終わる。「다」**の前の部分**を語幹と言う

ある・いる
있다
↳語幹（バッチム有）

ありますか・いますか
있습니까?

あります・います
있습니다.

ない・いない
없다
↳語幹（バッチム有）

ありませんか・いませんか
없습니까?

ありません・いません
없습니다.

74　　　　　　　　　　　　　　　　　　　　　基礎からゆっくり韓国語

練習 1 （　）に、助詞「-하고」を入れ、ㅎ弱音化、激音化に注意しながら発音しましょう。

① 친구（　　）　　② 오빠（　）언니　　③ 형（　）누나　　④ 동생（　）
友達と　　　　　　　　兄　と　姉　　　　　兄　と　姉　　　　妹・弟と

⑤ 볼펜（　）지우개　　⑥ 핸드폰（　）노트북　　⑦ 테이블（　）의자
ボールペンと　消しゴム　　　携帯　と　ノートパソコン　　テーブル　と　椅子

⑧ 호텔（　）병원　　⑨ 노트북（　）핸드폰　　⑩ 지갑（　）안경
ホテル　と　病院　　　ノートパソコンと　携帯　　　　財布　と　眼鏡

練習 2 例のように「- と　- が　あります・います」という文を作り、音読練習しましょう。

例

> 교과서 / 지우개 : 교과서하고　지우개가　있습니다.
> 教科書　と　　消しゴムが　あります.

① 커피 / 오렌지주스 : ＿＿＿＿＿＿＿＿＿＿＿＿＿＿＿＿＿＿＿

② 남동생 / 여동생 : ＿＿＿＿＿＿＿＿＿＿＿＿＿＿＿＿＿＿＿
　　弟　 /　妹

③ 안경 / 모자 : ＿＿＿＿＿＿＿＿＿＿＿＿＿＿＿＿＿＿＿
　　　　帽子

④ 볼펜 / 책 : ＿＿＿＿＿＿＿＿＿＿＿＿＿＿＿＿＿＿＿
　　　本

⑤ 한국 사람 / 일본 사람 : ＿＿＿＿＿＿＿＿＿＿＿＿＿＿＿＿＿

⑥ 테이블 / 의자 : ＿＿＿＿＿＿＿＿＿＿＿＿＿＿＿＿＿＿＿

第 3 課 친구하고 약속이 있습니다

⑦ 노트북 / 가방 : _____

⑧ 지갑 / 핸드폰 : _____

練習 3 例のように「-が ありません・いません」という文を作り、音読練習しましょう。
　　　　（2 回書く）

例　　교과서 : 교과서가 없습니다.　교과서가 없습니다.
　　　　　　　　教科書が　ありません

① 시간 : _____ _____

② 형제 : _____ _____
　兄弟

③ 한국 친구 : _____ _____

④ 약속 : _____ _____

⑤ 수업 : _____ _____
　授業

⑥ 숙제 : _____ _____
　宿題

⑦ 사람 : _____ _____

練習4 例のように、用言の基本形を、畏まった丁寧語『합니다体』に直してみましょう。

	基本形	語幹	丁寧語『합니다体』-ますか・ですか	丁寧語『합니다体』-ます・です
例	있다(ある・いる)	있	있습니까? ありますか・いますか	있습니다 あります・います
①	맛있다(美味しい)			
②	재미있다(面白い)			
③	없다(ない・いない)			
④	괜찮다(大丈夫だ)			
⑤	먹다(食べる)			
⑥	읽다(読む)			
⑦	찾다(探す)			
⑧	앉다(座る)			
⑨	좋다(良い)			
⑩	많다(多い)			
⑪	적다(少ない)			
⑫	받다(もらう)			
⑬	웃다(笑う)			

第3課 친구하고 약속이 있습니다

練習 5 例のように「今日 　- がありますか」と質問し、「いいえ、ありません」と
答える練習をしましょう。

例　　시간
　　　時間

A: 오늘 시간이 있습니까?
　　今日 時間が ありますか。
B: 아뇨, 없습니다.
　　いいえ、ありません。

① 약속

② 아르바이트
　アルバイト

③ 알바
　バイト

④ 미팅
　ミーティング

⑤ 일
　仕事

⑥ 회의
　会議

⑦ 데이트
　デート

⑧ 스케줄
　スケジュール

⑨ 한국어 수업
　韓国語の授業

⑩ 숙제
　宿題

練習 6 ①〜⑧はすでに習った単語です。＿＿＿＿に日本語の意味を書きましょう。
その後、例のように丁寧語で質問し、答える練習をしましょう。

例　　시간이 있다
　　　時間が　ある

A: 시간이 있습니까?
　　時間が ありますか。
B: 네, 있습니다.
　　はい、あります。

① 맛있다
＿＿＿＿

② 재미있다
＿＿＿＿

③ 한국어 수업이 있다
＿＿＿＿＿＿＿

④ 숙제가 있다
＿＿＿＿＿

⑤ 약속이 없다
＿＿＿＿

⑥ 괜찮다
＿＿＿＿

⑦ 사람이 많다
＿＿＿＿

⑧ 날씨가 좋다
　天気
＿＿＿＿

基礎からゆっくり韓国語

第４課 | 집에서 한국어 공부를 합니다

- Point 1 畏まった丁寧語『합니다体』2
- Point 2 (場所)で
- Point 3 -を
- Point 4 -も

호준 : ①마유 씨는 주말에 보통 뭘 합니까?

마유 : ②보통 집에서 한국어 공부를 합니다. 호준 씨는요?

호준 : ③저는 보통 친구를 만납니다.

그리고 테니스도 가끔 칩니다.

마유 : ④저도 가끔 테니스를 칩니다.

会話文の訳

ホジュン : ①まゆさんは週末に普通(大体)何をしますか。

まゆ　　 : ②普通(大体)家で韓国語の勉強をします。ホジュンさんは(何をしますか)？

ホジュン : ③私は大体友達に会います。

　　　　　　それからテニスもたまにします。

まゆ　　 : ④私もたまにテニスをします。

80　　　　　　　　　　　　　　　　　　　基礎からゆっくり韓国語

単語と語句

1. 주말　週末
2. 에　-に
3. 보통　普通、大体
4. 뭘　何を　무엇을の縮約
5. 합니까?　しますか　基 하다
6. 집　家
7. 에서　-で
8. 한국어 공부　韓国語の勉強
9. 를　-を
10. 합니다　します　基 하다
11. 만납니다　会います　基 만나다　　친구를 만나다：友達に会う
12. 그리고　それから、そして
13. 테니스　テニス
14. 도　-も
15. 가끔　たまに
16. 칩니다　打ちます　基 치다　　테니스를 치다：テニスをする

第4課 집에서 한국어 공부를 합니다　　81

Point 1	畏まった丁寧語『합니다体』2　-ます・です

する
하다
↳ 語幹（パッチム無）

しますか
합니까?

します
합니다.

会う
만나다
↳ 語幹（パッチム無）

会いますか
만납니까?

会います
만납니다.

Point 2	에서　(場所)で

場所　＋　**에서**

例　カフェ　で　学校　で
카페에서,　학교에서

家　で　病院　で
집에서,　병원에서

Point 3	를/을　-を

バッチム無し名詞　＋　**를**

例　コーヒーを　友達を
커피를,　친구를

バッチム有り名詞　＋　**을**

例　財布を　眼鏡を
지갑을,　안경을

基礎からゆっくり韓国語

Point 4	도 　-も

名詞 ＋ 　도

例 친구도, 저도
友達も　　　私も

병원도, 내일도
病院も　　　明日も

練習 1 （　）に、助詞「를」か「을」を入れ、音読練習しましょう。

① 저（　　）　② 공부（　　）　③ 커피（　　）　④ 테니스（　　）　⑤ 요가（　　）
私を　　　　　勉強を　　　　コーヒーを　　　テニスを　　　　ヨガを

⑥ 운동（　　）⑦ 옷（　　）　⑧ 선생님（　　）⑨ 책（　　）　⑩ 볼펜（　　）
運動を　　　服を　　　　先生を　　　　本を　　　　ボールペンを

練習 2 例のように「週末に普通（大体）-をします」という文を作り、音読練習しましょう。

例 　요가 : 주말에 보통 요가를 합니다.
　　　　週末に　普通　ヨガを　します。

① 공부 : _____

② 운동 : _____

③ 숙제 : _____

第4課 집에서 한국어 공부를 합니다　　　83

④ 알바 : _____

⑤ 일 : _____

⑥ 청소 : _____
　掃除

練習3 例のように「(場所)で -を します」という文を作り、音読練習しましょう。

例 집 / 요가 : 집에서 요가를 합니다.
　　　　　　　家で　　ヨガを　します。

① 학교 / 공부 : _____
　学校

② 헬스장 / 운동 : _____
　ジム

③ 도서관 / 숙제 : _____
　図書館

④ 라면 가게 / 알바 : _____
　ラーメンの店

⑤ 회사 / 일 : _____
　会社

⑥ 카페 / 아르바이트 : _____

⑦ 집 / 청소 : _____
　　　掃除

⑧ 한국 / 유학 : _____
　留学

84　　　　　　　　　　　　　　　　　　基礎からゆっくり韓国語

練習 4 例のように、用言の基本形を、畏まった丁寧語『합니다体』に直しましょう。

	基本形	語幹	丁寧語『합니다体』 -ますか・ですか	丁寧語『합니다体』 -ます・です
例	하다(する)	하	합니까? しますか	합니다 します
①	만나다(会う)			
②	치다(打つ)			
③	사다(買う)			
④	가다(行く)			
⑤	오다(来る)			
⑥	마시다(飲む)			
⑦	보다(見る)			
⑧	크다(大きい)			
⑨	이다(-だ)			
⑩	아니다(違う)			

第 4 課 집에서 한국어 공부를 합니다

練習 5 例のように「-も -ます・です」という文を作り、音読練習しましょう。

例

저 / 가다 : 저도 갑니다.
私 / 行く　私も　行きます。

① 친구 / 오다 : _____

② 테니스 / 치다 : _____

③ 운동 / 하다 : _____

④ 드라마 / 보다 : _____

⑤ 옷 / 사다 : _____

⑥ 알바 / 하다 : _____

⑦ 커피 / 마시다 : _____

⑧ 내일 / 만나다 : _____

⑨ 남동생 / 학생이다 : _____
　　弟　/　学生だ　　弟も　学生です。

⑩ 저 / 회사원이다 : _____
　私 /　会社員だ　　私も　会社員です。

86　　　　　　　　　　　　　　　　基礎からゆっくり韓国語

練習6 ①～⑧はすでに習った単語です。_____に日本語の意味を書きましょう。
その後、例のように「-さんは週末に普通（大体）何をしますか」と質問し、
答える練習をしましょう。

例　**집에서　요가를　하다**
　　家で　　ヨガを　　する

> A: (相手の名前) **씨는 주말에 보통 뭘 합니까?**
> 　　　　　-さんは　週末に　普通　何をしますか。
> B: **집에서 요가를 합니다.**
> 　　家で　　ヨガを　　します。

① **친구하고 테니스를 치다**　② **도서관에서 공부를 하다**　③ **알바를 하다**
_____　　_____　　_____

④ **친구를 만나다**　　　⑤ **한국어를 공부하다**　　⑥ **한국 드라마를 보다**
_____　　_____　　_____

⑦ **청소를 하다**　　　⑧ **카페에서 책을 읽다**
_____　　_____

練習7 例のように「どこで（**어디에서**）-を -（し）ますか」と質問し、答える練習
をしましょう。

例　　**숙제 / 하다 / 집**

> A: **어디에서 숙제를 합니까?**
> 　どこで　　宿題を　します。
> B: **집에서 숙제를 합니다.**
> 　　家で　　宿題を　します。

① **공부/하다/카페**　　② **알바/하다/옷가게**　　③ **친구/만나다 /맥도날도**
　　　　　　　　　　　　　　　　　　　洋服屋

④ **옷/사다/유니클로**　⑤ **일/하다/공항**　　　⑥ **커피/마시다 /스타벅스**
　　　　　　　　　　　　　　　　空港

⑦ **운동/하다/헬스장**　⑧ **책/읽다/도서관**
　　　　　　　ジム

第4課 집에서 한국어 공부를 합니다

第5課

영화를 보러 가요

- Point 1 親しみの丁寧語『해요体』1
- Point 2 - 러に行く

마유 : ①호준 씨, 오늘 뭐 해요?

호준 : ②오늘은 알바가 있어요.

마유 : ③그래요? 그럼, 내일은 시간 괜찮아요?

호준 : ④죄송해요. 내일은 친구하고 영화를 보러 가요.

　　　모레는 괜찮아요.

会話文の訳

まゆ　　　 : ①ホジュンさん、今日何しますか。

ホジュン : ②今日はバイトがあります。

まゆ　　　 : ③そうですか。では、明日は時間大丈夫ですか。

ホジュン : ④ごめんなさい。明日は友達と映画を観に行きます。

　　　　　明後日は大丈夫です。

単語と語句

1. 오늘　今日
2. 뭐　何　무엇の縮約
3. 해요?　しますか　합니까?と同じ意味　基 하다
4. 그래요?　そうですか
5. 괜찮아요?　大丈夫ですか　괜찮습니까?と同じ意味　基 괜찮다
6. 죄송해요　ごめんなさい/申し訳ないです　죄송합니다と同じ意味　基 죄송하다
7. 영화　映画
8. 보러 가요　観に行きます
9. 괜찮아요　大丈夫です　괜찮습니다と同じ意味　基 괜찮다

Point 1 親しみの丁寧語 『해요体』1 －ますか・ます・ましょう・てください

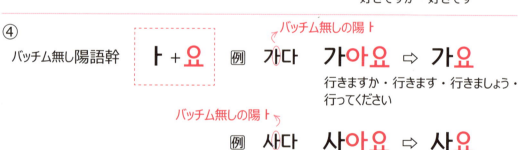

Point 2	- (으)러 가다 -しに行く

			見る	見に	行きます
バッチム無し語幹 ＋	러	例	보다	보러	가요

			食べる	食べに	行きます
バッチム有り語幹 ＋	으러	例	먹다	먹으러	가요

練習 1 例のように、動詞や形容詞の基本形を、親しみの丁寧語『해요体』に直してみましょう。

	基本形	丁寧語『해요体』 -ますか・ですか	丁寧語『해요体』 -ます・です
例1	괜찮다(大丈夫だ)	괜찮아요? 大丈夫ですか	괜찮아요 大丈夫です
①	받다(もらう)		
②	앉다(座る)		
③	살다(住む)		
④	많다(多い)		
⑤	좋다(良い)		
⑥	작다(小さい)		

第5課 영화를 보러 가요

例2	먹다(食べる)	먹어요? 食べますか	먹어요 食べます
⑦	있다(ある・いる)		
⑧	맛있다(美味しい)		
⑨	재미있다(面白い)		
⑩	없다(ない・いない)		
⑪	재미없다(面白くない)		
⑫	읽다(読む)		
⑬	웃다(笑う)		
⑭	입다(着る)		
⑮	적다(少ない)		
例3	하다(する)	해요? しますか	해요 します
⑯	공부하다(勉強する)		
⑰	운동하다(運動する)		
⑱	일하다(働く)		
⑲	알바하다(バイトする)		
⑳	좋아하다(好きだ)		
㉑	싫어하다(嫌いだ)		
㉒	잘하다(上手だ)		

例4	가다(行く)	가요? 行きますか	가요 行きます
㉓	사다(買う)		
㉔	만나다(会う)		
㉕	타다(乗る)		
㉖	자다(寝る)		
㉗	비싸다(高い)		
㉘	싸다(安い)		

練習 2 例のように「-を -(し)に行きます」という文を作り、音読練習しましょう。

例   영화를 보다 : 영화를 보러 가요.
映画を　　観に　行きます。

① 공부를 하다 : _____

② 운동을 하다 : _____

③ 친구를 만나다 : _____

④ 옷을 사다 : _____

⑤ 점심을 먹다 : _____
　　お昼を　食べる

⑥ 도서관에 책을 읽다 : _____

第5課 영화를 보러 가요

練習3 例のように「今日何しますか」と、『**해요체**』で質問し、答える練習をしましょう。

例 **학교에 가다**
学校に 行く

> A: (相手の名前) **씨, 오늘 뭐 해요?**
> -さん、今日 何 しますか。
> B: **학교에 가요.**
> 学校に 行きます。

① **친구를 만나다**

② **도서관에서 책을 읽다**

③ **알바하다**

④ **친구하고 옷을 사러 가다**

⑤ **한국어를 공부하다**

⑥ **영화를 보러 가다**

⑦ **동생하고 약속이 있다**

⑧ **카페에서 숙제를 하다**

練習4 例のように「-大丈夫ですか」と質問し、答える練習をしましょう。

例 **오늘 시간**
今日 時間

> A: (相手の名前) **씨, 오늘 시간 괜찮아요?**
> -さん、今日 時間 大丈夫ですか。
> B: **네, 괜찮아요.**
> はい、大丈夫です。

① **지금 시간**
今

② **잠깐 시간**
ちょっと

③ **내일 시간**

④ **모레 시간**

⑤ **주말에 시간**
週末に

⑥ **지금 전화**
電話

⑦ **잠깐 얘기**
話

⑧ **오늘 같이 점심**
一緒に お昼

練習 5 例のように「明日、時間ありますか」と質問し、「ごめんなさい。明日は-(し)ます」答える練習をしましょう。

例 약속이 있다

A: (相手の名前) **씨, 내일 시간 있어요?**
　　　-さん、明日 時間 あります。

B: **죄송해요. 내일은 약속이 있어요.**
　　ごめんなさい。明日は 約束が あります。

① 아르바이트가 있다　② 학교에 가다　③ 한국어 수업이 있다

④ 선약이 있다　　　　⑤ 시간이 없다　⑥ 친구하고 영화를 보러 가다
　　先約

⑦ 일이 있다　　　　　⑧ 가족하고 식사하러 가다
　　　　　　　　　　　家族　　食事

第 5 課 영화를 보러 가요

第6課 잘 지내요

- Point 1 親しみの丁寧語『해요体』2

호준 : ①마유 씨, 요즘 어떻게 지내세요?

마유 : ②잘 지내요. 얼마 전부터 골프를 배우러 다녀요.

호준 : ③전 요즘 운전을 배워요. 골프는 재미있어요?

마유 : ④네, 진짜 재미있어요!

会話文の訳

ホジュン : ①まゆさん、この頃どうお過ごしですか。
まゆ　　 : ②元気に過ごしています。この間からゴルフを習いに通っています。
ホジュン : ③僕は最近運転を習っています。ゴルフは面白いですか。
まゆ　　 : ④はい、本当に面白いです！

単語と語句

1. 요즘　この頃
2. 어떻게　発 [어떠케] どう、どのように
3. 지내세요?　＊お過ごしですか　基 지내다　＊尊敬形については第7課で学習
4. 잘　よく、元気に
5. 지내요　過ごします、過ごしています　基 지내다
6. 얼마 전　この間、先日　直 얼마：いくら　전：前
7. 부터　〜から
8. 골프　ゴルフ
9. 배우러　習いに　基 배우다
10. 다녀요　通います　基 다니다
11. 전　私は　저는の縮約
12. 운전　運転
13. 배워요　習います、習っています　基 배우다
14. 재미있어요?　面白いですか　基 재미있다
15. 진짜　本当に

第6課 잘 지내요

Point 1	親しみの丁寧語『해요体』2 -ますか・ます・ましょう・てください

①
バッチム無し陰語幹

ㅐ + 요

例

過ごす
지내다 　지내**어요** ⇨ 지내**요** 過ごします

送る
보내다 　보내**어요** ⇨ 보내**요** 送ります

②
バッチム無し
陰語幹

ㅣ + **어요** ⇨ ㅕ요

例

通う
다니다 　다니**어요** ⇨ 다녀**요** 通います

打つ
치다 　치**어요** ⇨ 쳐**요** 打ちます

③
バッチム無し
陰語幹

ㅜ + **어요** ⇨ ㅝ요

例

習う
배우다 　배우**어요** ⇨ 배워**요** 習います

くれる
주다 　주**어요** ⇨ 줘**요** くれます

練習 1 例のように、用言の基本形を、親しみの丁寧語『해요体』に直しましょう。

	基本形	丁寧語『해요体』 -ますか・ですか	丁寧語『해요体』 -ます・です
例1	지내다（過ごす）	지내요?　過ごしますか	지내요　過ごします
①	보내다（送る）		
②	내다（出す）		
③	매다（締める）		
④	재다（測る）		
例2	다니다（通う）	다녀요?　通いますか	다녀요　通います
⑤	치다（打つ）		
⑥	마시다（飲む）		
⑦	기다리다（待つ）		
⑧	내리다（降りる）		
⑨	빌리다（貸す・借りる）		
⑩	보이다（見せる・見える）		
⑪	가르치다（教える）		
⑫	생기다（できる・生じる）		

第6課 잘 지내요

99

例3	배우다(習う)	배워요? 習いますか	배워요 習います
⑬	주다(くれる)		
⑭	바꾸다(変える)		
⑮	지우다(消す)		
⑯	세우다(止める)		

練習 2 例のように「私はこの頃 -ます・です」という文を作り、音読練習しましょう。

例
골프를 배우다 : 저는 요즘 골프를 배워요.
私は　この頃　ゴルフを　習っています。

① 잘 지내다 : _____

② 컨디션이 좋다 : _____

③ 자주 테니스를 치다 : _____
頻繁に

④ 운전을 배우러 다니다 : _____

⑤ 학생식당에서 점심을 먹다 : _____

⑥ 유니클로에서 옷을 사다 : _____

⑦ 한국어를 공부하다 : _____

⑧ 옷가게에서 알바를 하다 : _____

練習 3　例のように「この頃どうお過ごしですか」と質問し、「元気に過ごしています。
この間から -を -(し)ます」と答える練習をしましょう。

例　골프를 배우러 다니다

A: (相手の名前) 씨, 요즘 어떻게 지내세요?
　　-さん、この頃　どう　お過ごしですか。
B: 잘 지내요. 얼마 전부터 **골프를 배우러 다녀요.**
元気に過ごしています。この間からゴルフを習いに通っています。

① 한국어를 공부하다　② 운전을 배우러 다니다　③ 테니스를 치러 다니다

④ 옷가게에서 알바를 하다　⑤ 공항에서 일하다　⑥ 피아노를 배우다

⑦ 일본어를 가르치다
　　　教える
⑧ 헬스장에 운동하러 다니다
　　　ジム

練習 4　例のように「-は　面白いですか」と質問し、「はい、本当に面白いです」
と答える練習をしましょう。

例　골프

A: **골프는** 재미있어요?
　　ゴルフは　面白いですか。
B: 네, 진짜 재미있어요!
　　はい、本当に面白いです！

① 한국어 공부　② 옷가게 알바　③ 테니스　④ 카페 아르바이트

⑤ 회사 일
　　会社の仕事
⑥ 피아노　⑦ 운전　⑧ 학교 생활
　　　　　　　　　　　　　　　生活

⑨ 그 영화
　　その
⑩ 그 한국 드라마

第 6 課 잘 지내요

第7課 — 로맨틱 코미디예요

- Point 1 尊敬形
- Point 2 親しみの丁寧語『해요체』3

루루 : ①마유 씨는 한국 드라마를 보세요?

마유 : ②그럼요. 전 로코를 주로 봐요.

루루 : ③로코요? 로코가 뭐예요?

마유 : ④로맨틱 코미디예요.

　　　　일본어로는 러브코메라고 해요.

会話文の訳

るる : ①まゆさんは韓国ドラマをご覧になりますか。
まゆ : ②もちろんです。私はロコを主に見ています。
るる : ③ロコ？ロコって何ですか。
まゆ : ④ロマンチック・コメディです。日本語ではラブコメと言います。

単語と語句

1. **드라마** ドラマ

2. **보세요?** ご覧になりますか （基）**보다**

3. **그럼요** もちろんです、当然です

4. **주로** 主に

5. **로코** ラブコメ **로맨틱코미디**（ロマンチック・コメディ）の縮約

6. **봐요** 見ます、見ています （基）**보다**

7. **예요** ですか/です （基）**이다 : -だ**

8. **일본어** 日本語

9. **로** -で ＊手段の「**-(으)로**」については第8課で学習

10. **라고 해요** -と言います

第7課 로맨틱 코미디예요　　103

Point 1　尊敬形　-(으)세요　-ていらっしゃいますか・ていらっしゃいます・お-ください

バッチム無し語幹　+　세요

例　가다
行く
　　가세요
行かれますか・行かれます・お行き下さい

例　하다
する
　　하세요
なさいますか・なさいます・なさって下さい

バッチム有り語幹　+　으세요

例　읽다
読む
　　읽으세요
お読みですか・お読みです・お読み下さい

例　받다
受け取る
　　받으세요
お受取りですか・お受取りです・お受取り下さい

Point 2　親しみの丁寧語 『해요体』3　-ますか・ます・ましょう・てください

① バッチム無し陽語幹

例　보다
見る
　　보아요　⇒　봐요
見ます

②

③
아니다	아니+에요	例 가수가 아니다	가수가 아니에요
違う		歌手が 違う ＝歌手ではない	歌手が 違います ＝歌手ではありません

練習 1 例のように、用言の基本形を**尊敬形**の『-(으)십니다 / -(으)세요』に直しましょう。

	基本形	尊敬形 합니다体	尊敬形 해요体	意味
例1	가다(行く)	가십니다	가세요	行かれます
①	하다(する)			
②	보다(見る)			
③	사다(買う)			
④	지내다(過ごす)			
⑤	좋아하다(好きだ)			
⑥	다니다(通う)			

例2	읽다 (読む)	읽으십니다	읽으세요	お読みになります
⑦	받다 (受け取る)			
⑧	입다 (着る)			
⑨	웃다 (笑う)			
⑩	앉다 (座る)			
⑪	찾다 (探す)			
⑫	괜찮다 (大丈夫だ)			

練習2 例のように「-は -ていらっしゃいます」という文を作り、音読練習しましょう。

例
아버지 / 회사에 가다 : 아버지는 회사에 가세요.
父　　　会社に　行く　　直お父さんは　会社に　行かれます。

① 아버지 / 회사원이다 :
　　　　会社員だ　　　　直お父さんは会社員でいらっしゃいます。

② 어머니 / 공무원이다 :
　母　　　公務員だ　　　直お母さんは公務員でいらっしゃいます。

③ 선생님 / 한국에 가다 :
　先生　　韓国に　行く　直先生は韓国に行かれます。

④ 할아버지 / 신문을 읽다 :
　祖父　　　新聞を　読む　直お祖父さんは新聞を読んでいらっしゃいます。

⑤ 할머니 / 안경을 찾다 :
　祖母　　　眼鏡を　探す　直お祖母さんは眼鏡をお探しです。

106　　　　　　　　　　　　　　　　　　　基礎からゆっくり韓国語

練習3 例のように「何を -ていらっしゃいますか」と尊敬形で質問し、「-(し)ます」と答える練習をしましょう。

例　배우다 / 골프

A: 뭘 배우세요?
何を 習っていらっしゃいますか。
B: 골프를 배워요.
ゴルフを 習います。

① 하다 / 공부

② 사다 / 과일
果物

③ 좋아하다 / 파스타
好む・好きだ

④ 배우다 / 피아노

⑤ 가르치다 / 일본어

⑥ 빌리다 / 책

⑦ 읽다 / 소설
小説

⑧ 받다 / 선물
プレゼント

⑨ 찾다 / 안경

練習4 例のように「尊敬形」で質問し、「もちろんです」と答える練習をしましょう。

例　한국 드라마를 보다

A: 한국 드라마를 보세요?
韓国　ドラマを　ご覧になりますか。
B: 그럼요.
もちろんです。

① 잘 지내다

② 운동을 하다

③ 알바를 하다

④ 한국 영화를 보다

⑤ 한국 음식을 좋아하다
食べ物

⑥ 로코를 좋아하다

⑦ 신문을 읽다

⑧ 잠깐 시간 괜찮다
ちょっと

第7課 로맨틱 코미디예요
107

練習 5 例のように、用言の基本形を、親しみの丁寧語『해요体』に直しましょう。

	基本形・単語	丁寧語『해요体』 -ますか・ですか	丁寧語『해요体』 -ます・です
例1	보다(見る)	봐요? 見ますか	봐요 見ます
①	오다(来る)		
②	나오다(出て来る)		
例2	가수(이)다(歌手だ)	가수예요? 歌手ですか	가수예요 歌手です
③	친구(이)다(友達だ)		
④	의사(이)다(医者だ)		
⑤	배우(이)다(俳優だ)		
⑥	숙제(이)다(宿題だ)		
⑦	교과서(이)다 (教科書だ)		
例3	학생이다(学生だ)	학생이에요? 学生ですか	학생이에요 学生です
⑧	회사원이다 (会社員だ)		
⑨	일본 사람이다 (日本人だ)		
⑩	핸드폰이다(携帯だ)		

基礎からゆっくり韓国語

⑪	안경이다 (眼鏡だ)		
⑫	책이다 (本だ)		
例4	가수가 아니다 (歌手ではない)	가수가 아니에요? 歌手ではありませんか	가수가 아니에요 歌手ではありません
⑬	남자 친구가 아니다		
⑭	여자 친구가 아니다		
⑮	언니가 아니다		
⑯	의사가 아니다		
⑰	배우가 아니다		
⑱	교과서가 아니다		
⑲	지우개가 아니다		
例5	학생이 아니다 (学生ではない)	학생이 아니에요? 学生ではありませんか	학생이 아니에요 学生ではありません
⑳	회사원이 아니다		
㉑	일본 사람이 아니다		
㉒	책이 아니다		
㉓	핸드폰이 아니다		
㉔	노트북이 아니다		

練習6 例のように「-さんは -ですか」と質問し、「いいえ、私は -ではありません」
と答えましょう。

例
학생
学生

A: (相手の名前) 씨는 **학생**이에요?
-さんは、学生ですか。

B: 아뇨, 저는 **학생이** 아니에요.
いいえ、私は 学生ではありません。

① 고등학생   ② 가수   ③ 회사원   ④ 공무원   ⑤ 의사

⑥ 한국 사람   ⑦ 일본 사람   ⑧ 중국 사람   ⑨ 간호사   ⑩ 변호사

練習7 例のように、「-は -を 主に -(し)ます」という文を作り、音読練習しましょう。

例
저 / 로코 / 보다 : 저는 로코를 주로 봐요.
私は　ロコを　主に　見ます。

① 친구 / 공포 영화 / 보다 : _____
　　　　ホラー　映画

② 언니 / 테니스 / 치다 : _____

③ 동생 / 게임 / 하다 : _____

④ 저 / 아이스 커피 / 마시다 : _____

⑤ 저 / 유니클로에서 옷 / 사다 : _____

⑥ 한국 사람 / 밥 / 먹다 : _____

⑦ 저 / 소설 / 읽다 : _____

⑧ 그 친구 / 원피스 / 입다 : _____

110　　　　　　　　　　　　　　　　　　　基礎からゆっくり韓国語

練習8 例のように「韓国語で何と言いますか」で質問し、答える練習をしましょう。

例　볼펜

A: 한국어로 뭐라고 해요?
韓国語で何と言いますか
B: 볼펜이라고 해요.
ボールペンと言います。

① 핸드폰　② 지갑　③ 노트북

④ 모자　⑤ 의자　⑥ 지우개

練習9 以下の日本語を韓国語に直して（해요体）、覚えましょう。

① 私の名前は_____です。　_____

② 大学生です。　_____

③ 私は_____に住んでいます。　_____

④ 私の趣味は韓国語の勉強です。　_____

⑤ 韓国語の勉強は本当に面白いです。　_____

⑥ これからも続けて韓国語を勉強したいです。　_____

ヒント　① 名前：이름　③ 住む：살다　④ 趣味：취미
⑥ これからも：앞으로도、続けて：계속、したい：하고 싶다

第7課 로맨틱 코미디예요

第8課 | 4,500원입니다

- Point 1 漢数詞
- Point 2 (手段)で
- Point 3 -てください

마유 : ①아이스 아메리카노 하나 주세요.

점원 : ②네, 4,500원입니다.
　　　　　(사천 오 백)

마유 : ③이 카드로 계산해 주세요.

점원 : ④네, 감사합니다. 맛있게 드세요.

아이스 아메리카노
4,500원

会話文の訳

まゆ ：①アイスアメリカーノ 一つ下さい。

店員：②はい、4500 ウォンです。

まゆ ：③このカードでお会計お願いします（直 計算して下さい）。

店員：④はい、ありがとうございます。どうぞごゆっくり（直 美味しく召し上がって下さい）。

単語と語句

1. **아이스 아메리카노** アイスアメリカーノ　縮約してよく「**아아**」と言う

2. **하나** 一つ

3. **주세요** 下さい　基 **주다**：くれる

4. **원** ウォン：韓国の貨幣単位

5. **이** この　**그**：その　**저**：あの　**어느**：どの

6. **카드** カード

7. **로** （手段)で

8. **계산** 精算、会計、計算　直 計算

9. **해 주세요** してください

10. **감사합니다** ありがとうございます　直 感謝します

11. **맛있게 드세요** どうぞごゆっくり　直 美味しくお召し上がり下さい

第8課 4,500원입니다

	Point 1	漢字由来の数字：年月日、値段、番号、人分などに使われる

0	1	2	3	4	5	6	7	8	9	10
영/공	일	이	삼	사	오	육	칠	팔	구	십

11	16	20	34	45	56	67	78	89	99	百	千
십일	십육	이십	삼십사	사십오	오십육	육십칠	칠십팔	팔십구	구십구	백	천
	[심뉵]				[오심뉵]						

万	2万	3万2千	4万3千	5万4千	6万5千	100万	1000万	5000万	9千9百万	1億
만	이만	삼만이천	사만삼천	오만사천	육만오천	백만	천만	오천만	구천구백만	일억

1月〜12月

1月	2月	3月	4月	5月	6月	7月	8月	9月	10月	11月	12月
일 월	이 월	삼 월	사 월	오 월	유 월	칠 월	팔 월	구 월	시 월	십일 월	십이 월
					육 월×				십 월×		

1日〜31日

1日	2日	3日	4日	5日	6日	10日	11日	16日	30日	31日
일 일	이 일	삼 일	사 일	오 일	육 일	십 일	십일 일	십육 일	삼십 일	삼십일 일
								[심뉵길]		

2025년 6월 6일 : 이천 이십 오 년 유 월 육 일

2030년 10월 26일: 이천 삼십 년 시 월 이십육 일

[이심뉵길]

Point 2	-(으)로　（手段）で

ㄹバッチム名詞 バッチム無し名詞	＋	로	例	電車で 전철로，　バスで 버스로

バッチム有り名詞	＋	으로	例	現金で 현금으로，　箸で 젓가락으로

「해요体」から「요」を取り除いた形

Point 3	-아/어 주세요　　-て　ください

ㅏ，ㅗ 陽語幹	＋	아 주세요	例	앉다 座る	陽 앉아 주세요 座って　下さい

ㅏ，ㅗ以外 陰語幹	＋	어 주세요	例	있다 いる	陰 있어 주세요 いて　下さい

語幹 하다	하	＋	여 주세요	⇨	해 주세요 して　下さい

第 8 課 4,500원입니다　　115

練習 1 1 〜 10 の漢数詞をハングルで書き、音読練習をしましょう。

1	2	3	4	5	6	7	8	9	10

練習 2 1 月〜 12 月をハングルで書き、音読練習をしましょう。

1月	2月	3月	4月	5月	6月	7月	8月	9月	10月	11月	12月

練習 3 1 日〜 31 日をハングルで書き、音読練習をしましょう。

1日	2日	3日	4日	5日	6日	7日	8日	9日	10日
11日	12日	13日	14日	15日	16日	17日	18日	19日	20日
21日	22日	23日	24日	25日	26日	27日	28日	29日	30日

31日

練習 4 例のように、数字をハングルに直し、音読練習をしましょう。

例 10,000원 : **만 원**

① 38,800원 : _____ ② 6월 15일 : _____

③ 10월 31일 : _____ ④ 2007년 : _____

⑤ 2인분 : _____ ⑥ 100미터 : _____
　　人分

⑦ 090-3784-8799 : _____ ＊電話番号の「0」: 공

⑧ 6층 : _____ ⑨ 30분 : _____ ⑩ 53페이지 : _____
　　階　　　　　　　　　　分

練習 5 例のように、数字を（　）の中にハングルで書いた後、会話練習をしましょう。

例　아이스 아메리카노 하나/
　　　　4,500원
　　　（사천 오백）

A: 아이스 아메리카노 하나 주세요.
B: 네, 사천 오백 원입니다.

① 치즈버거 세트 하나 / 6,800원
　　　　　　　　　（　　　　　）

② 떡볶이 일 인분 / 3,000원
　　　　　一　人分（　　　　　）

③ 호떡 하나 / 2,000원
　　　　　（　　　　　）

④ 팥빙수 하나 / 11,000원
　　　　　　（　　　　　）

⑤ 아이스 커피 하나 / 4,000원
　　　　　　　　（　　　　　）

⑥ 콜라 하나 / 2,500원
　　　　　（　　　　　）

⑦ 카페라테 하나 / 4,800원
　　　　　　　（　　　　　）

⑧ 김밥 일 인분 / 3,500원
　　　　　　　（　　　　　）

第 8 課 4,500원입니다

練習6 例のように「-で 手段 -ます」という文を作り、音読練習しましょう。

例 **카드 / 계산하다 : 카드로 계산해요.**
カードで　精算します

① 페이페이 / 계산하다 : _____

② 현금 / 내다 : _____
現金　払う

③ 젓가락 / 먹다 : _____
箸

④ 숟가락 / 먹다 : _____
スプーン

⑤ 포크 / 먹다 : _____
フォーク

⑥ 버스 / 가다 : _____
バス

⑦ 전철 / 오다 : _____
電車

⑧ 지하철 / 다니다 : _____
地下鉄

⑨ 볼펜 / 메모하다 : _____

⑩ 연필 / 메모하다 : _____
鉛筆

⑪ 한국어 / 얘기하다 : _____
話す

基礎からゆっくり韓国語

練習7 例のように、お願いの「-て ください」という文を作り、音読練習しましょう。

例

계산하다 : 계산해 주세요.
精算して ください

① 서울을 안내하다 : _____
　　ソウルを　案内する

② 다시 한번 말하다 : _____
　　もう　一度　言う

③ 내일 다시 전화하다 : _____
　　　　再び　電話する

④ 같이 가다 : _____
　　一緒に

⑤ 과자를 사다 : _____
　　お菓子を　買う

⑥ 깎다 : _____
　　値切る

⑦ 같이 있다 : _____
　　一緒に

⑧ 50페이지를 읽다 : _____

⑨ 자리에 앉다 : _____
　　席に　座る

⑩ 지우개 좀 빌리다 : _____
　　消しゴムちょっと　貸す

⑪ 저기에 세우다 : _____
　　あそこに　止める

⑫ 내일도 오다 : _____

⑬ 한국어를 가르치다 : _____

⑭ 잠깐만 기다리다 : _____
　　ちょっとだけ

第8課 4,500원입니다

第9課 | 두 번 해요

- Point 1 固有数詞
- Point 2 否定形

마유 : ①호준 씨는 일주일에 몇 번 알바를 해요?

호준 : ②두 번 해요. 수요일하고 금요일에 알바하러 가요.

마유 : ③힘들지 않아요?

호준 : ④네, 하나도 안 힘들어요.

会話文の訳

まゆ ： ①ホジュンさんは一週間に何回バイトをしますか。

店員 ： ②二回しています。水曜日と金曜日にバイトしに行きます。

まゆ ： ③大変ではないですか。

店員 ： ④はい、少しも大変ではありません。

単語と語句

1. 일주일　一週間
2. 몇 번　何回　몇：後ろに単位が付く時の「何」　몇 개：何個　몇 살：何歳　몇 명：何人
3. 알바　バイト　아르바이트の縮約
4. 두 번　二回
5. 수요일　水曜日　월요일 화요일 수요일 목요일 금요일 토요일 일요일

（月曜日　火曜日　水曜日　木曜日　金曜日　土曜日　日曜日）
6. 금요일　金曜日
7. 힘들지 않아요?　大変ではないですか　基 힘들다：大変だ、しんどい
8. 하나도　少しも、ちっとも　直 一つも
9. 안 힘들어요　大変ではありません

Point 1　固有の数字：年齢、回数、個数などに使われる。1～99まである

一つ	二つ	三つ	四つ	五つ	六つ	七つ	八つ	九つ	とお
하나 (한)	둘 (두)	셋 (세)	넷 (네)	다섯	여섯	일곱	여덟	아홉	열

11	19	20	30	40	50	60	70	80	90	99
열하나 (열한)	열아홉	스물 (스무)	서른	마흔	쉰	예순	일흔	여든	아흔	아흔아홉

＊（ ）の中は後ろに単位が付く時の形

第9課 두 번 해요

Point 2	否定形：後置否定（-지 않다）と前置否定（안-）がある

語幹　＋　**지 않다**　　㉖　^{する}하다　^{しません}하지 않아요

안　＋　用言　　㉖　^{する}하다　^{しません}안 해요

練習 1　固有の数字「ひとつ〜とお」をハングルで書き、音読練習をしましょう。

一つ	二つ	三つ	四つ	五つ	六つ	七つ	八つ	九つ	十

練習 2　㉖のように「一週間に -回 -(し)ます」という文を作り、音読練習しましょう。

㉖　**2 / 알바를 하다 : 일주일에 두 번 알바를 해요.**
一週間に　2　回　バイトを　します。

① 4 / 학교에 가다 : _____

② 1 / 친구를 만나다 : _____

③ 2 / 요가를 하다 : _____

④ 3 / 운동을 하다 : _____

⑤ 4 / 아르바이트를 하다 : _____

⑥ 1 / 데이트를 하다 : _____

⑦ 2 / 전화를 하다 : _____

⑧ 1 / 한국어 수업이 있다 : _____

⑨ 2 / 일본어를 가르치다 : _____

⑩ 1 / 영화를 보다 : _____

練習3 例のように「一週間に何回 –(し)ますか」と質問し、答える練習をしましょう。

例　알바를 하다 / 2

> A: 일주일에 몇 번 알바를 해요?
> 　一週間に 何 回 バイトを しますか
> B: 두 번 알바를 해요.
> 　二 回 バイトを します。

① 학교에 가다 / 4　　② 친구를 만나다 / 1　　③ 요가를 하다 / 2

④ 운동을 하다 / 3　　⑤ 아르바이트를 하다 / 5　⑥ 영화를 보러 가다 / 1

⑦ 학교 도서관에 가다 / 2　⑧ 한국어 수업이 있다 / 1　⑨ 카레를 먹다 / 3

⑩ 도서관에서 책을 읽다 / 4

第9課 두 번 해요　　123

練習4　例のように「-が 何個ありますか・何人いますか」と質問し、答える練習をしましょう。

例　가방 / 몇 개 / 2
　　　何　個

A: 가방이 몇 개 있어요?
　　かばんが 何 個 ありますか
B: 두 개 있어요.
　　2 個 あります。

① 안경 / 몇 개 / 3

② 우산 / 몇 개 / 2
　　傘

③ 모자 / 몇 개 / 5

④ 지우개 / 몇 개 / 1

⑤ 한국 친구 / 몇 명 / 3
　　　　　　何　人

⑥ 사람 / 몇 명 / 10

⑦ 여자 / 몇 명 / 15
　　女子

⑧ 남자 / 몇 명 / 8
　　男子

練習5　＿＿＿＿にハングルを書いた後、例のように「何歳ですか」と質問し、答える練習をしましょう。

例　19 : 열아홉 살
　　19　　歳

A: 몇 살이에요?
　　何 歳ですか。
B: 열아홉 살이에요.
　　19　　歳です。

① 18 : ＿＿＿＿＿ 살

② 20 : ＿＿＿＿＿ 살

③ 21 : ＿＿＿＿＿ 살

④ 17 : ＿＿＿＿＿ 살

⑤ 23 : ＿＿＿＿＿ 살

⑥ 1 : ＿＿＿＿＿ 살

練習6 _____ にハングルを書いた後、例のように「何時ですか」と質問し、答える練習をしましょう。

例 10時10分 : **열 시 십** 분
　　　　　　　固有数詞　　漢数詞

A: 몇 시예요?
　何　時ですか。
B: 열 시 십 분이에요.
　10 時 10 分です。

① 1時5分 : _____　② 2時30分 : _____

③ 3時45分 : _____　④ 4時20分 : _____

⑤ 5時38分 : _____　⑥ 12時13分 : _____

練習7 「月曜日〜日曜日」をハングルで書き、音読練習をしましょう。

月曜日	火曜日	水曜日	木曜日	金曜日	土曜日	日曜日	何曜日
							무슨 요일

練習8 例のように「何曜日に -(し)ますか」と質問し、答える練習をしましょう。

例 아르바이트를 하다 / 수, 금
　　　　　　　　　　　水 金

A: 무슨 요일에 아르바이트를 해요?
　何　曜日に　アルバイトを　しますか
B: 수요일하고 금요일에 아르바이트를 해요.
　水曜日　と　金曜日に　アルバイトを　します。

① 학교에 가다 / 월, 목　② 친구를 만나다 / 토　③ 영화를 보다 / 일

④ 알바를 하다 / 토, 일　⑤ 골프를 배우다 / 화　⑥ 테니스를 치다 / 수

⑦ 한국어 수업이 있다 / 월　⑧ 운동을 하다 / 금, 토　⑨ 친구가 오다 / 토

⑩ 시간이 있다 / 목

第9課 두 번 해요

練習9 例のように、用言の基本形を否定形の『- 지 않아요 / 안- 』に直してみましょう。

	基本形	後置否定形	前置否定形	意味
例1	힘들다(大変だ)	힘들지 않아요	안 힘들어요	大変ではありません
①	가다(行く)			
②	사다(買う)			
③	타다(乗る)			
④	만나다(会う)			
⑤	비싸다(高い)			
⑥	좋다(良い)			
⑦	많다(多い)			
⑧	먹다(食べる)			
⑨	웃다(笑う)			
⑩	입다(着る)			
⑪	하다(する)			
⑫	좋아하다(好きだ)			
⑬	싫어하다(嫌いだ)			

基礎からゆっくり韓国語

例2	공부하다(勉強する)	공부하지 않아요	공부 안 해요	勉強しません
⑭	운동하다(運動する)			
⑮	일하다(仕事する)			
⑯	알바하다(バイトする)			

練習10 例のように『해요体』で質問し、前置否定形『안‐ 』で答える練習をしましょう。

例 힘들다

A: 힘들어요?
大変ですか。

B: 아뇨, 안 힘들어요.
いいえ、大変ではありません。

① 오늘 학교에 가다

② 오늘 친구를 만나다

③ 콜라를 좋아하다

④ 오늘 날씨가 좋다

⑤ 컨디션이 괜찮다

⑥ 김치를 먹다

⑦ 숙제가 많다

⑧ 택시를 타다

⑨ 골프를 배우다

⑩ 아르바이트를 하다

⑪ 오늘 친구가 오다

⑫ 신문을 읽다

⑬ 원피스를 자주 입다

⑭ 커피를 마시다

⑮ 드라마를 보다

⑯ 옷을 자주 사다

第9課 두 번 해요

第10課 | 닭한마리 집이 생겼어요

- Point 1 過去形

호준 : ①학교 근처에 닭한마리 집이 생겼어요. 같이 먹으러 가요!

마유 : ②네, 그래요! 그런데 이번 주는 시간이 없어요. 어떡하죠?

호준 : ③그럼 다음 주에 가요. 나중에 연락 주세요.

마유 : ④네, 알겠어요!

会話文の訳

ホジュン : ①学校の近くにタッカンマリのお店が出来ました。一緒に食べに行きましょう！
まゆ　　 : ②はい、そうしましょう！ところで、今週は時間がありません。どうしましょう。
ホジュン : ③なら、来週行きましょう。今度連絡下さい。
まゆ　　 : ④はい、わかりました！

単語と語句

1 **근처** 近所、近く

2 **닭한마리[다칸마리]** タッカンマリ 直 鶏一羽 鶏肉とネギ、じゃがいも等の入った
鍋料理

3 **집** 店、家

4 **생겼어요** 出来ました、生じました 基 **생기다**

5 **같이** 発 **[가치]** 一緒に

6 **그래요** そうしましょう

7 **그런데** ところで

8 **이번 주** 今週

9 **어떡하죠?** どうしましょう **어떻게 하지요**の縮約

10 **다음 주** 来週

11 **나중에** 今度、後で

12 **연락** 発 **[열락]** 連絡

13 **알겠어요** わかりました、了解です 基 **알다**

第 10 課 닭한마리 집이 생겼어요

| Point 1 | 『해요体』の過去形　-ㅆ어요　-ました・でした |

☆ 親しみの丁寧語『해요体』から「요」を取り除いて、「ㅆ어요」を付ける。

| 하다 | 해요 | 했어요 | 생기다 | 생겨요 | 생겼어요 |
| する | します | しました | 出来る | 出来ます | 出来ました |

| 보다 | 봐요 | 봤어요 | 먹다 | 먹어요 | 먹었어요 |
| 見る | 見ます | 見ました | 食べる | 食べます | 食べました |

| 練習 1 | 例のように、用言の基本形を、親しみの丁寧語『해요体の現在形、過去形』に直しましょう。 |

	基本形	丁寧語『해요体現在形』 -ます・です	丁寧語『해요体過去形』 -ました・でした
例	가다 (行く)	가요　行きます	갔어요　行きました
①	사다 (買う)		
②	만나다 (会う)		
③	타다 (乗る)		
④	보다 (見る)		
⑤	오다 (来る)		
⑥	많다 (多い)		

基礎からゆっくり韓国語

⑦	괜찮다(大丈夫だ)		
⑧	좋다(良い)		
⑨	먹다(食べる)		
⑩	있다(ある・いる)		
⑪	없다(ない・いない)		
⑫	읽다(読む)		
⑬	배우다(習う)		
⑭	주다(くれる)		
⑮	마시다(飲む)		
⑯	생기다(できる・生じる)		
⑰	다니다(通う)		
⑱	기다리다(待つ)		
⑲	지내다(過ごす)		
⑳	보내다(送る)		
㉑	좋아하다(好きだ)		
㉒	싫어하다(嫌いだ)		
㉓	잘하다(上手だ)		

第 10 課 닭한마리 집이 생겼어요

㉔ 공부하다(勉強する)		
㉕ 운동하다(運動する)		
㉖ 알바하다(バイトする)		

練習 2　例のように、「昨日(어제) -(し)ました」という文を作り、音読練習しましょう。

例　**학교에 가다 : 어제 학교에 갔어요.**
　　　　昨日　　学校に　行きました。

① 옷을 사다 : _____

② 친구를 만나다 : _____

③ 와인을 마시다 : _____

④ 테니스를 치다 : _____

⑤ 영화를 보다 : _____

⑥ 삼겹살을 먹다 : _____

⑦ 한국어 수업이 있다 : _____

⑧ 날씨가 좋다 : _____

⑨ 소설을 읽다 : _____

⑩ 다섯 시간 알바를 하다 : _____

⑪ 친구가 우리 집에 오다 : _____

⑫ 한국어를 두 시간 공부하다 : _____

基礎からゆっくり韓国語

練習3 例のように、「今度（**나중에**）-ください」という文を作り、音読練習しましょう。

> 例　**연락 : 나중에 연락 주세요.**
> 　　　今度　　連絡　ください。

① 전화 : _____

② 메일 : _____

③ 라인 : _____

④ 카톡(카카오톡) : _____

練習4 例のように「昨日（**어제**）–（し）ましたか」と質問し、「はい、-（し）ました」と答える練習をしましょう。

> 例　**학교에 가다**
>
> A: 어제 **학교에 갔어요?**
> 　　昨日　学校に 行きましたか。
> B: 네, **갔어요.**
> 　　はい、行きました。

① 괜찮다　　　　② 사람이 많다　　　③ 날씨가 좋다

④ 친구를 만나다　⑤ 옷을 사다　　　　⑥ 영화를 보다

⑦ 친구가 오다　　⑧ 한국어를 공부하다　⑨ 알바를 하다

⑩ 삼겹살을 먹다　⑪ 책을 읽다　　　　⑫ 한국어 수업이 있다

第10課 닭한마리 집이 생겼어요　　133

練習5 例のように「いつ（언제）-ましたか」と質問し、「昨日（어제）-ました」と答える練習をしましょう。

例　　학교에 가다

> A: 언제 학교에 갔어요?
> 　　いつ　学校に　行きましたか。
> B: 어제 갔어요.
> 　　昨日　行きました。

① 운동하다　　　　② 알바하다　　　　③ 영화를 보다

④ 그 친구가 오다　⑤ 그 친구를 만나다　⑥ 그 소설을 읽다

⑦ 삼겹살을 먹다　⑧ 한국어 수업이 있다　⑨ 그 옷을 사다

⑩ 그 가게에 가다　⑪ 한국어를 공부하다　⑫ 연락을 하다

⑬ 그 가게가 생기다

練習6 例のように「昨日（어제）-(し)ましたか」と質問し、「いいえ、-(し)ませんでした」と答える練習をしましょう。

例　　학교에 가다

> A: 어제 학교에 갔어요?
> 　　昨日　学校に　行きましたか。
> B: 아뇨, 안 갔어요.
> 　　いいえ、行きませんでした。

① 친구를 만나다　② 옷을 사다　③ 날씨가 좋다　④ 괜찮다

⑤ 사람이 많다　⑥ 삼겹살을 먹다　⑦ 테니스를 치다　⑧ 알바를 하다

⑨ 한국어를 공부하다　⑩ 영화를 보다　⑪ 친구가 오다　⑫ 책을 읽다

⑬ 한국어 수업이 있다　☆「ありませんでした」と答える前にちょっと考えましょう！

著者

シン・ムノク

韓国ソウル生まれ

韓国外国語大学校大学院を卒業後、仕事で来日

2006年韓国語教員資格を取得（現在1級）

関西の大学を中心に韓国語学習をサポート中

基礎からゆっくり韓国語

初版発行　2024年12月31日

著　　者　シン・ムノク
発 行 人　中嶋 啓太

発 行 所　博英社
　　　　　〒370-0006 群馬県 高崎市 間屋町 4-5-9 SKYMAX-WEST
　　　　　TEL 027-381-8453 / FAX 027-381-8457
　　　　　E・MAIL hakueisha@hakueishabook.com
　　　　　HOMEPAGE www.hakueishabook.com

ISBN　　　978-4-910132-79-2

ⓒ シン・ムノク, 2024, Printed in Korea by Hakuei Publishing Company.

＊乱丁・落丁本は、送料小社負担にてお取替えいたします。
＊本書の全部または一部を無断で複写複製(コピー)することは、著作権法上での例外を除き、禁じられています。